Le burn out parental

DU MÊME AUTEUR
DANS LA MÊME COLLECTION

Le syndrome de la mouche contre la vitre

DÉJÀ PARUS

Ados et alcool. Ils boivent trop, que faire ?
Christine Vilnet et Audrey Leclère

Cyclothymie.
Troubles bipolaires des enfants et adolescents au quotiden
Dr Elie Hantouche

Devenez un parent coach.
Guide pratique pour une relation réussie avec vos enfants
Brigitte Gicquel-Kramer et Christine Dimajo-Donati

Enfants précoces, enfants hors normes ?
Dr Valérie Foussier

L'enfant au cœur de la violence morale
Chantal Paoli-Texier et association AJC

Les écrans et nos enfants. Plaisir ou dépendance ?
Dr Marie-France Le Heuzey et Dr Sara Bahadori

L'hypnose pour les enfants
Isabelle Célestin-Lhopiteau

Mon bébé fait ses nuits en 9 semaines
Shari Mezrah

Pas de bébé à bord !
Choisir de ne pas avoir d'enfants
Gisèle Palancz

Phobie scolaire.
Comment aider les enfants et adolescents en mal d'école ?
Dr Marie-France Le Heuzey et Pr Marie-Christine Mouren

ISBN 978-2-84319-332-3

Liliane Holstein

Le burn out parental

Surmonter l'épuisement
et retrouver la joie d'être parents

Editions JOSETTE LYON
19, rue Saint-Séverin
75005 Paris

Sommaire

Aux enfants du 21ᵉ siècle

Introduction

Imaginez un voyage dans le temps.

Le couple de vos arrière-grands-parents ouvre ce livre et en commence la lecture...

D'abord intrigués par le titre : « le burn out parental », ils tentent de saisir par quelle bizarrerie de langage, il est possible d'associer le terme anglais « brûlé, grillé » avec la notion de fonction parentale. Incrédules puis abasourdis, ils commencent à saisir une réalité présente 80 ans après eux : les parents du début du 21e siècle sont de plus en plus nombreux à sombrer dans des états d'épuisement, en éduquant et en « gérant » au quotidien leur progéniture.

Par quelle étrange mutation, la joie et l'attendrissement, face à ses jolis bambins se transforment en une sensation d'héberger des aliens ou des ennemis sous son toit ?

Pour un nombre de plus en plus croissant de nos contemporains, la dépression et le surmenage les conduisent à ne plus pouvoir faire le tri de leurs réels sentiments tant ils sont parasités par l'ambivalence de leurs états d'âme pour leurs enfants.

Savoir que des couples puissent se désagréger par épuisement ou par impuissance à mettre de l'ordre dans leur organisation familiale, tout en instaurant un cadre et une autorité naturelle, dépasserait nos ancêtres en les plongeant dans la plus totale perplexité.

Comment ne pas être consternés à leur place ?

Imaginez la scène : Vos aïeux vous observent sur un écran du futur. Admiratifs, ils découvrent les années 2000-2010 et le cadre de vie dans lequel la plupart des familles de nos sociétés hyperindustrialisées évoluent, l'exubérance d'aliments dans les rayons des magasins, la médecine de pointe à portée de presque tous.

Comble du luxe, pour un humain de la première moitié du 20e siècle, lorsque de nos jours, un enfant est malade, il peut être pris en charge rapidement par un des nombreux médecins de proximité, puis les médicaments sont délivrés et remboursés dans la foulée.

La plupart de nos habitations sont chaudes et agréables, avec un confort inimaginable à leur époque où bon nombre d'entre eux logeaient dans des lieux souvent insalubres, mal chauffés, exigus et au confort réduit au minimum. Une grande proportion des enfants du 21e siècle, vont dans de bonnes écoles de quartier, partent en vacances pour la plupart au moins une fois par an, encore un faste impensable, pour vos grands-parents.

Vu de l'extérieur, tout semble réuni pour générer du bien-être, alors comment comprendre que de nombreux couples parentaux s'effondrent psychologiquement et physiquement, épuisés, déprimés, allant parfois jusqu'au suicide ou ne rêvant que d'une chose : prendre la fuite, le plus loin possible de cet univers familial !

Par quel mystérieux stratège de l'évolution sociologique, la fonction parentale a-telle pu produire depuis quelques années, un véritable sentiment d'épuisement et d'anéantissement des énergies ?

Le terme anglo-saxon « burn out », désormais familier dans le langage de nos contemporains, est tristement célèbre depuis une vingtaine d'années pour les ravages dépressifs engendrés de plus en plus fréquemment par la vie dans les entreprises. Il est souvent suivi de son cortège de symptômes : surmenage intense, crises d'angoisse, attaques de panique, perte d'intérêt pour la vie, malaises psychologiques et somatiques, dépersonnalisation et suicide.

Quant au burn out maternel, s'il a été identifié depuis dix ans par les professionnels de la santé, il a fallu du temps pour en accepter l'idée. Les mères épuisées physiquement et psychologiquement osent enfin briser ce grand tabou et peuvent désormais s'autoriser à s'avouer vaincues, à certains moments de leur maternité, sans pour autant attirer sur elles moqueries, opprobres raillant leur pseudo-incapacité à faire face.

Nous reviendrons en détails sur les causes de cet effondrement, les signes qui doivent alerter et les solutions pour le dépasser.

« J'aime regarder mes enfants dormir. Lorsqu'ils dorment, j'ai l'impression de les aimer encore un peu. »

Cette réflexion, plusieurs fois entendue en consultation, m'a convaincue d'écrire ce livre, car, c'est un fait, depuis une dizaine d'années, nous observons de plus en plus de demandes de prises en charge pour des couples parentaux au bord du gouffre. Ils arrivent dans nos cabinets, hagards, hébétés de fatigue et de désespoir. Ce qu'ils racontent de leur vie quotidienne familiale, ressemble souvent bien plus à un attelage emballé et désarticulé qu'à la belle représentation de la famille idéalisée dans leur rêve.

Les tableaux qu'ils dressent de leur enfer quotidien, sont accompagnés de sentiments d'accablement et d'impuissance à gérer les actes les plus simples de la vie et l'éducation de leurs enfants, bébés, jeunes et adolescents. Toutes les tranches d'âge semblent impactées.

Alors comment sommes-nous passés d'un mode d'éducation qui semblait évident, s'embarrassant fort peu de psychologie infantile et encore moins d'états d'âme, à cette mise sous microscope permanente des moindres faits, gestes et symptômes des enfants des vingt dernières années ?

Dans le passé, les soucis majeurs des parents consistaient à nourrir les enfants à peu près correctement, au moins au jour le jour. Pour le plus grand nombre, cela confinait déjà à l'exploit.

Ne rêvant que d'un logis salubre et sécurisant pour abriter toute la famille, ils priaient le ciel pour tous les maux qui fauchaient les plus jeunes veuillent bien les épargner.

Les maladies dites infantiles, les entérites, l'appendicite, l'asthme, les fièvres et infections sont aisées à traiter aujourd'hui, pourtant, pendant des siècles, elles ont décimé un nombre impressionnant d'enfants en bas âges.

Nous ne parlons pas des enfants de la préhistoire, mais bien de ceux nos grands-parents et arrière-grands-parents.

Nous avons juste fait un petit bond de 80 ans en arrière.

Si notre style de vie, notre niveau de confort et de sécurité marquent depuis un siècle, une évolution impressionnante, la vraie révolution, elle, se situe dans notre mode de fonctionnement familial, dans l'éducation et la place occupée par les enfants.

La palme du décalage avec les générations passées, revient à la manière d'être parents avec les enfants de maintenant.

Au temps de vos grands-parents, l'éducation consistait à apporter les fondations du fonctionnement dans la vie sociale. L'autorité reposait sur de grandes bases simples. Elle s'appliquait aisément et n'était pratiquement jamais remise en question par les plus jeunes. Confiants, ils savaient que les parents savaient. Chacun connaissait sa place, son rôle, son pouvoir, ses limites et le cadre indiscutable de ses attributions.

Les parents incarnaient l'assise incontestable de la famille. Ils avaient pour rôle de protéger leur progéniture de tous les dangers majeurs : guerre, faim, maladies et cela imposait le respect.

Heureux étaient ceux qui avaient la chance de grandir dans une structure familiale encore debout après deux guerres, un holocauste, une hécatombe de parents disparus ou considérablement traumatisés. Les enfants naissaient avec la conscience innée de la gravité de la vie, du danger potentiel et des efforts indispensables pour survivre au quotidien. Impossible de perdre son temps ! Il fallait vivre avant tout et faire pousser vite et bien les petits qui arrivaient souvent sans être invités et rarement au meilleur moment.

Inutile de préciser que la notion « d'enfant-roi » ne se rencontrait que dans les romans. Simple élément constitutif de la famille, parmi d'autres, il devait naturellement et simplement s'insérer au mieux en essayant, de produire le moins de vagues.

Les parents pouvaient s'enorgueillir de leur progéniture bien cadrée, parce qu'elle représentait le signe tangible, au moins dans les apparences extérieures, de la réussite d'une vie.

Pour cela, l'apprentissage de la « bonne éducation » reposait sur une obéissance sans discussion, face à des principes et à une autorité indiscutables. Les règles étaient simples et aisément appliquées, car à la moindre transgression, la punition tombait sans états d'âme et l'enfant se réinsérait vite dans le cadre.

La structure familiale s'est resserrée d'une manière spectaculaire depuis les années 60 et nous sommes passés de groupes familiaux, incluant parfois trois générations dans la même maison, ou du moins dans les proches environs, à de petites concentrations mononucléaires composées uniquement du noyau parents-enfants. Les distances géographiques avec le reste de la famille, grands-parents, frères, sœurs, oncles, tantes, ne permettent plus les relais évidents qui autorisaient les parents à souffler un peu.

Pour réaliser la complexité simplement engendrée par l'éloignement des familles, imaginez la quantité d'énergie qu'il va falloir fournir pour envoyer vos enfants passer le week-end chez les grands-parents à distance, ne serait-ce que de 30 km... Vous en êtes épuisé(e) à l'avance !

Il peut sembler moins énergivore de renoncer à une sortie en couple que de faire appel à des grands-parents ou à d'autres membres de la famille. Les longs trajets en voiture et les encombrements sont dissuasifs.

C'est un fait, le peu de temps libre restant pendant les week-ends est dévoré par l'intendance, les tâches non accomplies la semaine, mais aussi par les différentes « activités » des petits et grands. Impossible d'y échapper. Pourtant, de grands progrès ont vu le jour dans la gestion des tâches ingrates : achats à distance, par internet, livraisons à domicile, permettent de gagner un peu de temps dans les tâches rébarbatives et répétitives.

Les années 70-80 :
Les années où l'on réinvente l'éducation

Depuis Rousseau (*L'Emile ou de l'éducation*), de nombreux courants ont essayé de mettre en place de nouveaux systèmes éducatifs, mais le plus spectaculaire d'entre eux provient du tsunami post 68. De façon fulgurante, les années 70/80 ont sonné un glas définitif aux principes simples et fondamentaux d'obéissance, que les dizaines de siècles précédents n'avaient jamais osé vraiment remettre en question.

Une des expressions les plus étonnantes de ces grands changements d'éducation, vécus actuellement dans les familles, concerne les consignes et les appels répétés au minimum cinq ou six fois avant de générer le moindre petit mouvement chez l'enfant. Le plus étonnant, dans cette absence de réaction, réside dans le fait que finalement, tout le monde s'y est habitué, comme si la désobéissance était un élément constitutif incontournable de la personnalité de l'enfant. En l'appelant pour venir à table, le père ou la mère se prépare inconsciemment à l'appeler sur tous les tons, avant d'obtenir raison. Il le sait, appeler 4 ou 5 fois est entré dans la « procédure » de chaque passage à table.

Très peu de parents s'en offusquent en réalité, ils ont juste intégré cette composante supplémentaire dans le timing de la soirée. Ceci n'est qu'un petit exemple parmi d'autres...

Dans les années 70, grâce aux travaux de nos illustres prédécesseurs Piaget, Bettelheim, Dolto, la notion de personnalité des enfants a été mise en évidence dans l'enthousiasme et la meilleure des volontés de bien faire pour permettre un meilleur épanouissement des jeunes humains. Cette étonnante vérité (pour l'époque) peut aujourd'hui faire sourire avec condescendance. Les moins de 40 ans, en lisant ces lignes doivent même se demander comment l'inverse a pu se concevoir. Pourtant, avant ces travaux, les enfants n'étaient censés avoir ni personnalité, ni caractère. Ils devaient simplement entrer dans un moule préétabli. On ne leur demandait pas leur avis et encore moins la moindre fantaisie de résistance.

A la stupéfaction générale, la psychanalyse, la psychologie infantile et la pédopsychiatrie ont mis en lumière un fonctionnement psychique autonome chez l'enfant, composé entre autres des caractéristiques particulières de personnalité, d'une extraordinaire sensibilité, au point d'engranger tous les souvenirs précoces des plus beaux aux plus traumatisants. Désormais, les enfants ne constituaient plus une brique parmi d'autres dans la construction de la famille, mais ils s'individualisaient, avaient leurs propres goûts, leurs désirs, leurs peurs, leurs pensées et s'ils montraient des signes d'indépendance, c'étaient là la preuve qu'ils étaient en bonne santé psychique.

L'enfant devenait « un autre ». Il devenait « quelqu'un » et non plus une excroissance de ses parents ou de son milieu familial.

Le grand bug de ce nouveau fonctionnement, qui pour autant était vertueux, fut d'imaginer qu'il suffisait de prendre en compte l'unicité de la personnalité d'un enfant pour le propulser d'emblée vers un rôle d'adulte-miniature, capable de tout entendre, de tout comprendre, de discuter toutes les informations, mais aussi par glissement, tous les conseils ou ordres de ses parents.

L'on est passé, imperceptiblement, d'un téléguidage absolu des jeunes enfants à une demande d'autonomie injuste, inadéquate et simplement impossible à gérer pour des raisons d'immaturité psychique.

La course contre le temps pour les parents et la pression professionnelle n'ont cessé d'augmenter jusqu'à atteindre un seuil critique ces dernières années en alimentant le besoin de pousser les enfants le plus vite possible vers plus d'indépendance.

- Vite, savoir manger seul,
- Vite, savoir se mouvoir dans l'espace. Malheur à celui qui prend son temps, il est immédiatement repéré comme « lent », inadapté, peut-être même dyspraxique et sera sûrement, très vite orienté en psychomotricité.
- Vite, jouer seul, sous peine d'être taxé de manque d'autonomie,
- Vite savoir, lire, compter, écrire en maternelle. (« Comment, il ne sait pas encore former les lettres à trois ans ?! Vite en orthophonie ! »).

Dans cette course effrénée, les enfants, autant que les parents, pressés tels des citrons, s'acheminent eux-mêmes dans une broyeuse qui les avale, au risque de n'avoir jamais le temps de développer leur originalité et leur authenticité.

L'exigence sociale ne pardonne pas le moindre retard, il faut rester dans la course, ne pas être éjectés, surtout ne pas fléchir sous peine d'être honteusement repérés comme parents d'un enfant « différent ». Terrible étiquetage.

Pour rester dans la course, il est impossible de se laisser aller à un rythme décalé par rapport à la norme du moment.

Pas question de rêver, excepté dans les créneaux autorisés (vacances, jours fériés) et encore moins de traînailler.

1

1 + 1 = 2

Tout avait si bien commencé...

Avant de démarrer une histoire de couple et la construction d'une famille, nos comportements psychiques et hormonaux, infiniment subtils, en préparent le terreau. Ainsi, cette immense aventure affective va pouvoir commencer son enracinement affectif pour le meilleur et parfois pour le pire.

L'inconscient, grand Manitou de ce festival émotionnel, met, en effet, toujours toutes les chances de son côté pour réussir sa mission sacrée : la pérennisation de l'espèce.

Le premier invité d'une nouvelle histoire d'amour, est toujours, qu'on le veuille ou non, l'élan sexuel. Cette force incroyable, défie toutes les résistances. Premier lien du couple, il aide à nouer, même les liaisons les plus improbables.

Ne dit-on pas que l'amour donne des ailes ?

Ce pur miracle de rapprochement sexuel est capable de soulever des montagnes pour arriver à son objectif.

Il fait fi des blocages d'éducation, de religion, de règles sociales, et même des idées les plus préconçues.

Quand les inconscients ont décidé d'unir leurs deux humains, rien ne pourra empêcher le désir sexuel de s'imposer de manière tonitruante et impérieuse. Il surprend par son intensité, en déboulant comme l'eau d'un barrage émotionnel qui déferle. Difficile à canaliser.

Grâce à la dopamine sécrétée dans le cerveau au moment d'une rencontre amoureuse, l'expérimentation de bien-être et de plaisir des premiers ébats sexuels, va alors inciter le couple à répéter et intensifier les rapports charnels.

Cette période délicieuse vous a probablement laissé sans aucun doute de très beaux souvenirs et en y repensant avec nostalgie, vous vous demandez pourquoi ce désir, qui semblait installé pour la vie, s'est peu à peu raréfié, jusqu'à parfois s'éteindre comme la flamme d'une bougie.

Les causes de cette raréfaction du désir sont nombreuses et nous les observerons de près.

Mais en attendant...

Revenons à notre couple d'amoureux.

Donc, tout semble plutôt bien parti.

La rencontre démarre avec évidence, même si certains ajustements, dès les premières semaines, sont nécessaires pour s'adapter l'un à l'autre.

Et comment cela pourrait-il être autrement ?

Deux êtres en apparence, n'ayant aucun lien en commun, accrochent leurs âmes, leurs cœurs et leurs esprits tout comme, deux navires perdus en mer depuis des années, jetteraient l'ancre sur une terre de promesses.

Cette vie nouvelle est espérée si différente de celle des parents. Parfois, au contraire, c'est le désir de coller au modèle connu dans l'enfance qui tient lieu d'idéal, parce qu'il est rassurant.

Mais, ce n'est pas si simple. 7 milliards d'êtres humains sur cette terre et autant d'âmes différentes. Ces myriades de combinaisons névrotiques tricotent ensemble tant de secrets, tant d'héritages de symptômes familiaux, plus ou moins ancrés, invalidants, laborieux saboteurs des histoires, des vies, de l'évidence au bien-être et au bonheur. Mais ce maillage d'âmes génère également, des histoires simples, heureuses, lumineuses, tranquilles et harmonieuses.

C'est rare, mais cela existe aussi. La quête du Graal passe par cet espoir.

Nous sommes lancés comme des plumes au vent, un vent plus ou moins furieux de nous éprouver. Un vent facétieux qui semble nous dire : « Allez, montre un peu ce que tu vas savoir tirer de cette vie !!! ».

Et la vie de couple s'enclenche dès le premier regard. Bien sûr, nous y sommes aidés par une neurochimie ultra sophistiquée, au service de notre inconscient qui trame en silence et à petits pas, les alliances qui vont lui convenir.

Pour lui, deux buts fondamentaux : permettre à notre espèce de perdurer, mais également, réactiver une névrose ou tout au moins des points névrotiques déjà présents dans nos chaînes générationnelles.

Rappelons pour mémoire, que les hormones qui nous animent, lors de ces phases de rencontre et d'attachement, sont sécrétées dès que les deux inconscients d'un couple en devenir se sont détectés.

Les neurotransmetteurs, telle la dopamine, prennent très vite le relais pour analyser, repérer et répéter les expériences émotionnelles si agréables du début d'une rencontre : sexualité dense, besoin de se regarder intensément, de se toucher constamment.

La phényléthylamine, un autre neurotransmetteur, joue un rôle essentiel, puisqu'il induit des sensations d'apaisement délicieux. Il est particulièrement indispensable dans toute cette belle organisation d'attachement, puisqu'il a la particularité de permettre de voir la vie sous son côté positif.

Tous défauts éventuels, tous symptômes étranges ou perturbants potentiellement, sont automatiquement écartés, gommés ou mieux encore, maquillés. L'esprit critique perd tout pouvoir, impossible de trouver une faille chez l'élu. Il ou elle est magnifique, parfait et indispensable.

C'est encore la phényléthylamine qui vous donne cette légèreté accompagnée d'une hyperactivité, lors de cette phase de découverte amoureuse.

Pour cimenter ensuite la rencontre, l'ocytocine entre en scène. Elle permet par exemple, de désirer plus que tout, le rapprochement répété avec l'être aimé. Plus la proximité physique est réitérée et soutenue, plus l'ocytocine est sécrétée et par conséquent, plus le besoin d'être en contact physique avec son compagnon ou sa compagne est important. Cet admirable mécanisme neurochimique alimente un cercle vertueux : plus on est tendre et plus on a envie d'être tendre.

On comprend aisément l'importance de cette hormone dans l'enracinement affectif des êtres, les uns aux autres. Mais son rôle est également essentiel dans le déclenchement de l'accouchement, de la lactation, via la prolactine, mais aussi dans tous les mécanismes d'attachement de la mère à son bébé.

Un autre ciment affectif se manifeste ensuite, plus dans la durée, sous la forme d'endorphines, véritables protections naturelles contre l'anxiété, permettant au couple de durer...

De durer, au minimum jusqu'à la naissance d'un enfant.

Car n'oublions pas qu'un grand protecteur de la pérennité de l'espèce, veille au grain : l'inconscient.

Pour arriver à ce but, il utilisera tous les stratèges, des plus simples et évidents aux plus élaborés.

Mais depuis quelques années, même impulsé massivement par les hormones et l'inconscient, le désir de partager sa vie avec autrui, se heurte de plus en plus souvent à des hésitations et des peurs de perdre sa liberté.

Vivre seul ou à deux ?

Depuis une vingtaine d'années, une remarquable mutation s'est opérée en ce qui concerne les mécanismes psychiques qui régissent les fonctionnements sociaux, l'investissement dans le groupe, la notion de partage et la curiosité pour les autres.

Le mode psychique narcissique se montre prédominant dans les mécanismes psychologiques et sociaux actuels. Cela sous-entend clairement, pour un grand nombre de nos contemporains, la prépondérance de leurs désirs, leurs besoins qui leur sont forcément essentiels et auxquels ils ne peuvent surseoir, sous peine de grave « mauvaise humeur », d'intolérance à l'autre, ou de grandes difficultés adaptatives.

Des dizaines de fois par jour, vous en faites l'expérience : l'interlocuteur au téléphone ne répond pas assez vite et vous sentez une colère monter en vous, votre voiture ne démarre pas dans la seconde lorsque le feu passe au vert et déjà un concert de klaxons furieux se fait entendre derrière vous... Mais au sein des familles ou des couples, il en est de même, le fonctionnement narcissique s'exprime en maître incontestable : un enfant peut déclencher un drame à table, car son frère ou sa sœur se sert de l'aliment censé lui revenir. Il en sera de même s'il n'obtient pas dans l'instant un jouet, le vêtement de marque convoité ou une friandise sur un présentoir de magasin.

Tout doit être obtenu dans l'instant. Le concept de la temporisation n'est plus vendeur.

Le plaisir qui accompagne l'attente et l'espoir d'obtenir l'objet de son désir est vécu tel du temps perdu. En différer l'obtention pour y revenir quelque temps après, et l'apprécier à un moment plus adéquat, est passé au stade des crimes de lèse-majesté.

L'égotisme exacerbé est souvent la règle dans les fonctionnements psychiques internes, mais aussi sociaux. La satisfaction du MOI est devenue imperceptiblement le mécanisme de vie de prédilection de nos contemporains.

Si après parfois de nombreuses tergiversations, un individu décide de sortir de cette autosuffisance, pour en arriver au désir de vivre en couple, ce changement ne s'opère pas toujours dans l'évidence et la facilité. Le simple fait de partager un quotidien avec un être autre que soi, oblige inévitablement à des efforts pour s'adapter à ses codes et à sa personnalité.

L'élan amoureux devra faire preuve de puissance et de détermination, pour activer certains leviers de patience, de générosité et renoncer à ce narcissisme exacerbé. L'inconscient sera obligé de mettre les bouchées doubles pour inciter son humain à accepter de rogner un peu ou beaucoup, sur sa liberté et son inclinaison naturelle à satisfaire son petit monde personnel.

Alors, imaginons les pouvoirs extraordinaires de l'alchimie psychique et affective qui vont nécessairement se conjuguer afin de permettre au mieux d'insérer dans la bulle du couple, une ou plusieurs entités supplémentaires : les enfants.

Il y a encore quelques décennies, il était rare de se poser ce genre de problème et l'on formulait encore moins de questions à l'idée de concevoir des enfants. Ils arrivaient et s'inséraient comme ils le pouvaient dans le couple. Les parents étaient conditionnés depuis toujours à fonder des familles, à procréer et à vivre tout en acceptant de réduire leur liberté, leurs loisirs et leur temps. Donner la vie était le corollaire de l'accession à l'état d'adultes responsables et ce point ne se discutait pas.

Le problème de la fatigue n'épargnait pas les générations passées, puisque les horaires de travail étaient bien supérieurs aux 35 heures hebdomadaires actuelles.

Il n'était pas rare de travailler 45 et jusqu'à 60 heures par semaine et sans RTT (Réduction du Temps de Travail) !

De nos jours, les temps de transport sont considérablement raccourcis, grâce à la multiplication phénoménale des voitures particulières, mais également par le développement des lignes de trains, métros, bus et voies rapides.

La fatigue est, bien sûr, loin d'être une découverte du 21e siècle, mais ce sont les réactions face à la privation de la liberté qui accroissent cette sensation de fatigue.

Si la vie en famille réduit le temps de s'appartenir, de pouvoir s'occuper de soi, mais aussi d'avoir l'opportunité de répondre à ses plaisirs instantanément, le stress de se manquer à soi-même génère des réactions d'intolérance parfois extrêmes.

Bien évidemment, notre bonimenteur d'inconscient va devoir maquiller cette forme d'allergie très peu avouable socialement et psychologiquement. Car rien n'est plus culpabilisant que d'oser avouer ses difficultés et ses doutes, à pouvoir supporter le mélange de frustrations-plaisirs quotidien d'une vie en couple et de surcroit, avec des enfants.

Il n'est pas rare, actuellement, de se sentir trop débordé pour imaginer intégrer un autre dans sa vie.

Agathe, 32 ans, m'expliquait combien elle était partagée entre son envie de vivre en couple comme certaines de ses amies et son impossibilité à concevoir comment elle pourrait « caser » un homme, dans son emploi du temps surchargé.
Submergée d'activités, entre son travail de directrice de communication, ses diverses activités sportives et ses soirées entre amis, elle n'envisageait pas de dépenser une once d'énergie supplémentaire pour s'investir dans une relation durable. Quant à fonder une famille, cela lui semblait de la science-fiction !
Bien sûr, elle avait connu quelques amoureux, eux-mêmes surbookés dans leurs propres activités amicales, sportives et professionnelles.
Pour passer une soirée et une nuit ensemble, ils planifiaient un rendez-vous sur leur agenda respectif, plusieurs semaines à l'avance.

Implicitement, sans que nous nous en rendions compte, la satisfaction et surtout l'autosatisfaction de nos propres besoins, désirs et plaisirs, sont fortement recommandées et stimulées par la publicité, presse, télévision et internet.

L'accès aux biens de consommation en est massivement facilité. Tout se gère d'un clic.

La panique de pouvoir rater une information « capitale », sur les réseaux sociaux, à la télévision ou sur internet, provoque une dépendance toxicomaniaque chronophage. Avec le temps obligatoirement imparti au travail, aux transports et à son propre confort, il reste souvent très peu de disponibilité pour s'investir dans une relation réelle et profonde avec un autre.

Il est si facile de se satisfaire seul. Il suffit souvent d'un écran et d'un accès à internet pour avoir l'impression de recevoir le monde chez soi. Tous biens ou presque : films, achats en ligne, sports, informations, contacts, jeux, sexualité, nous sont proposés en excès et en consommation immédiate.

La rencontre amoureuse n'a plus besoin, au moins dans les premiers temps, du contact direct.

L'approche se satisfait d'échanges par sms ou via des sites de rencontres.

Bon. Après tout, pourquoi pas. Les amours romantiques des 18e et19e siècles s'épanouissaient parfois eux aussi, dans de virtuels embrassements épistolaires souvent des années durant, avant de pouvoir convoler réellement.

Pierre, 27 ans, ingénieur, disait lors d'une consultation, qu'il n'éprouvait aucun besoin de dépasser l'étape de la séduction sur internet.

Il passe régulièrement 5 ou 6 heures de ses soirées à séduire des femmes, éprouvant un vif plaisir à les charmer, à friser le désir de les rencontrer réellement, allant jusqu'à projeter des plans sexuels ébouriffants, n'hésitant pas à laisser entrevoir des projets d'avenir à ses conquêtes virtuelles.

La satisfaction égotique de ces rencontres par écrans interposés lui suffit amplement et il le revendique clairement. Alors que je lui demandais ce qui l'empêchait de passer à l'acte dans la réalité de la vie, il me répondit simplement : « Ce serait trop fatigant, je n'ai pas le temps, ni plus d'énergie à consacrer à une véritable histoire d'amour ! »

Cela peut sembler déconcertant. Mais cette pensée est, de plus en plus répandue, banalisée et acceptée. Cette mutation sociologique constituera, sans doute, l'un des points forts à étudier dans les rapports humains de la seconde moitié du 21e siècle, mais en attendant, pour les femmes, les relations virtuelles sont plus vécues comme une fatalité incontournable, faute de mieux.

Mues inconsciemment et consciemment par un désir de vivre une rencontre d'amour qui pourra leur permettre de fonder un couple et une famille, elles utilisent souvent le biais internet comme entremetteur facilement accessible. De plus en plus fréquemment, de belles et véritables histoires d'amour se nouent par ce moyen.

Après de nombreuses tergiversations, le couple a enfin pu se rencontrer véritablement et les fameuses colles hormonales et neurochimiques commencent immédiatement leur travail d'attachement. Le tandem peut démarrer son histoire dans la vie réelle.

Le couple, c'est une rencontre d'amour et de névrose, mais c'est également le choc de deux inconscients qui se complètent pour former un équilibre parfois instable.

La découverte, l'adaptation aux codes psychologiques et familiaux de l'autre, vont monopoliser beaucoup d'énergie. Si les sentiments sont suffisamment puissants, les difficultés rencontrées pourront être dépassées pour laisser place à une certaine légèreté à vivre à deux.

Pourtant, il arrive souvent que des éléments extérieurs perturbateurs soient capables d'engendrer du stress et des désaccords qui n'existeraient pas spontanément au sein du couple. Ils se manifestent par l'intermédiaire de la famille, des beaux-parents, de frères ou de sœurs problématiques, d'un problème de chômage, de difficultés financières, de soucis avec un voisinage difficile ou par une proximité étouffante dans un appartement trop exigu.

Fonctionner en couple implique le traitement de ses propres problèmes d'adaptation, mais c'est également, participer à la gestion de ceux de l'autre et là, les véritables difficultés vont commencer à faire leur apparition.

Si l'investissement amoureux du début de la relation n'est pas assez puissant, le couple aura peu de chance de s'épanouir, bien qu'il puisse durer fort longtemps dans un petit mijotage, sans flamme, entraînant bien souvent, frustration, tristesse, éclats, trahisons et au final, séparation.

Il arrive que le miracle opère et une histoire ayant mal démarré, sans grand enthousiasme, peut se révéler au fil du temps, épanouissante, pour un couple qui aura pris la peine de se découvrir vraiment, de se remettre en question, s'apportant tendresse, tolérance et bienveillance.

Jusqu'à présent, dans l'évolution du couple, il n'est jamais question de burn out, en aucune façon. Lorsque l'adaptation est difficile, elle l'est pour des questions annexes au couple ou pour des raisons névrotiques de l'un ou des deux membres du couple.

C'est le cas lorsque l'un d'eux, par conditionnement névrotique, accepte de vivre un quotidien complexe et pénible avec un conjoint ou une conjointe en proie à une addiction (alcool, drogue, médicaments, nourriture, jeux, problématique avec l'argent, infidélité). L'acceptation du symptôme névrotique de l'autre répond la plupart du temps, à un besoin de réparations d'éléments de sa propre histoire.

Si ces contextes symptomatiques engendrent beaucoup de troubles, de soucis et de fatigue, on ne peut parler à vrai dire de burn out, car précisément l'inconscient délivre des trésors de force et d'énergie permettant de continuer ...à se fourvoyer dans les méandres de la névrose de l'autre, répondant toujours ainsi à la sienne.

Donc, plus le couple fonctionne sur des mécanismes névrotiques, plus les deux membres du couple vont alimenter la locomotive à névrose, pour en arriver aux deux grands objectifs de l'inconscient :

- perpétuer l'espèce, et à travers elle,
- perpétuer la névrose de génération en génération.

2

1 + 1 = 3

Une des spécificités humaines lorsque l'on s'aime est de vouloir élever des petits, ensemble.

Une des spécificités des femmes en particulier, est de vouloir expérimenter cette capacité à concevoir, à porter et à donner la vie, en explorant toutes les fonctionnalités du corps.

Tout sera alors entrepris, volontairement ou inconsciemment pour décider l'autre, s'il n'est pas encore conquis par cette idée. Il faut parfois batailler plus ou moins longtemps avec subtilité et psychologie pour décider l'autre à cet élargissement du cercle.

Lorsque dans un consensus, la décision est prise avec plus ou moins d'évidence, il peut exister un décalage dans la maturation du projet. Chacun est mû par des motivations inconscientes qui le dépassent souvent. Certains commencent la grossesse dans l'enthousiasme et voient leur motivation reculer au fil de l'évolution des 9 mois de gestation, d'autres, font le chemin inverse.

Concevoir un enfant au 21e siècle : Pas si évident

Lorsque cette étape est enfin dépassée, divers facteurs peuvent entrer en jeu, pour compliquer la conception d'un enfant :

- les difficultés physiologiques diverses chez l'un, l'autre ou les deux membres du couple,
- l'impossibilité physiologique totale, parfois, de concevoir un enfant, malformations,
- la pression et la fatigue au travail,
- la fatigue liée aux transports,
- les peurs inconscientes et névrotiques qui bloquent les ovulations et le début d'implantation de l'embryon,
- le mode de vie, le stress, la nervosité, l'anxiété, les pollutions de toutes sortes,
- la peur de transmission de maladies génétiques,
- la fragilité du monde à venir, même si elle n'est pas exprimée consciemment.

Louis et Sophie étaient venus consulter pour un soutien psychologique. Leur septième FIV avait mis à mal leur enthousiasme et ils commençaient sérieusement à s'épui-

ser, dans une vie rythmée par des prises de sang quotidiennes, une libido contrôlée, séquencée, des injections d'hormones et l'insondable tristesse inévitable lorsque le cycle revenait, entraînant au loin l'espoir fou.
Leurs conversations se réduisaient à des comptes et des décomptes d'apothicaires, concernant les dates d'ovulation et d'insémination. Sophie travaille dans le commerce international, aussi s'angoissaient-ils des soirées entières en réfléchissant comment éviter qu'un déplacement professionnel ne tombe à la date de l'ovulation présumée. D'essais en échecs, d'espoirs en démarrages de grossesse qui échouaient quelques jours après, ils se renfermaient un peu plus à chaque tentative, dans un grand malaise dépressif, désespérés d'y arriver un jour.
Leur couple sombrait doucement, laminé par un immense sentiment d'échec pour Louis et l'impression d'incapacité à devenir « une femme complète » pour Sophie.
Très sensibilisés par les explications médicales et scientifiques indigestes et parfois raides psychologiquement, mais aussi, par les maladresses verbales des amis ou de la famille, ils analysaient, décortiquaient chaque mot, ajoutant de l'angoisse à un terrain psychologique déjà malmené.
Leur couple mis à rude épreuve depuis des années, retrouva l'espoir, lorsqu'enfin une échographie permit d'entendre le cœur galopant et bien présent d'un beau bébé en pleine santé.

Après un moment intense de joie et de soulagement... Le stress et la peur que cette grossesse ne s'interrompe, vinrent à nouveau, gâcher leur quotidien.

«- Et si, cela s'arrêtait ?! ».

S'ensuivit alors une autre forme de paralysie : celle ne pas sortir pour éviter toute fatigue inutile, voire dangereuse pour la poursuite de la grossesse, ne pas risquer d'attraper les virus et microbes des autres gens, dans la rue, dans les transports en commun, dans les restaurants, au cinéma... Au final, écumant les sites spécialisés sur internet, ils ne vivaient plus, faisant et refaisant la liste des risques potentiels, au cours de la grossesse et de l'accouchement.

En dépit de ce sabotage en règle, l'ensemble de la grossesse se passa très bien. Un petit garçon fit son apparition au cours d'un accouchement sous péridurale, calme et sans douleur.
Ils avaient enfin l'enfant dont ils avaient tant rêvé, mais ils semblaient exténués par l'aventure.
Une telle pression pour atteindre leur objectif avait eu raison de leur résistance psychique. Elle avait pendant des années remplit leur vie, mais une fois leur but atteint, ils décompensaient dans une impression de vide, étrangement non comblée par l'arrivée de leur enfant.

Parcours d'obstacles pour l'adoption

La course à l'adoption est bien souvent semée d'embûches et représente une source considérable de stress et d'épuisement pour les futurs parents.

La longueur des délais d'adoption, les formalités, les questions parfois humiliantes de l'administration et les diverses enquêtes, pourtant nécessaires représentent déjà, à elles-seules, des étapes suffisantes pour baisser les bras.

Pourtant en général, la motivation est suffisante pour que le couple accepte de se plier à toutes les exigences et contraintes qui leur sont imposées. Les moments à risques commencent à se préciser lors des divers voyages nécessaires, dans le pays d'origine des enfants à adopter.

Des trésors de diplomatie et de patience vont devoir être déployés, avec les divers intervenants, parfois peu conscients du tsunami mental et émotionnel que vit le couple secrètement.

Quand ils reprennent enfin l'avion avec un enfant dans les bras, ils ne savent pas encore qu'ils mettront parfois des mois à récupérer nerveusement et physiquement de toute cette fatigue émotionnelle.

Quand l'enjeu d'avoir un enfant occupe une telle place dans la vie, on comprend aisément combien les ardeurs sexuelles d'un couple, même très amoureux au départ et très soudé, peuvent être mises à mal après de telles aventures.

Car pour s'épanouir, le désir a besoin d'un jeu de séduction léger, délicat et d'un minimum de mystère.

Malheureusement, dès qu'il est question de procréation assistée ou d'adoption, la délicatesse du désir, l'évocation fantasmatique du corps de l'être aimé, tout ce qui fait vibrer (l'allure, la magie de l'autre, de sa peau, de son odeur, toutes les réminiscences de l'intimité partagée lors d'actes sexuels précédents, de sa voix...), tous ces trésors s'estompent.

Les conversations perdent soudain singulièrement toute poésie, sensualité et séduction. Le désir s'essouffle alors, noyé par une terminologie médicale, crue, émaillée de dates d'ovulation, de stimulations ovariennes, de spermogrammes, de nombre de follicules, d'embryons transplantés, d'échographies...

Le désir spontané, joyeux et libéré du début de la relation, devient une organisation normée, inscrite sur les agendas. On prend rendez-vous en fonction du calendrier des ovulations. Impossible de trouver un autre système dans l'immédiat. Mais la sexualité, qui a besoin de légèreté et d'enthousiasme, devient un monceau d'obligations. Le désir doit répondre sur commande, parce que c'est le bon moment, parce que tant d'efforts ont été fournis pour que l'ovulation veuille bien se déclencher, qu'il n'est vraiment pas question de rater ce moment clef.

Si dans les premiers temps de la procréation assistée, le couple se livre en bon élève investi et sérieux à tous les protocoles proposés par le corps médical, il faut avouer que l'inspiration génératrice du désir sexuel a tendance à s'altérer rapidement.

Faire l'amour pendant cette période peut se transformer en véritable aversion, car cela devient un acte obligatoire totalement voué à la procréation. L'acte sexuel a « le devoir » de réussir sa mission, puisque tout a été mis en œuvre médicalement, dans le but de donner la vie.

Du rêve à la réalité

Le début de la vie avec un enfant peut commencer harmonieusement, pourtant, il est de plus en plus fréquent de recevoir en consultation des couples qui ne se comprennent plus et s'éloignent quelques mois après l'arrivée d'un enfant.

Ce qui devait représenter un aboutissement, signe de l'amour et de l'harmonie pour les deux parents, se transforme imperceptiblement en un éloignement maussade, lié à une fatigue récurrente, envahissante, à des suites de malentendus, de frustrations, mais aussi à une absence de désir. Plus sournoisement encore, des symptômes névrotiques qui attendaient sagement dans les méandres de l'inconscient, vont pouvoir sortir de l'ombre pour se réactiver à cette occasion.

Quels sont les étranges rouages conscients et inconscients, mais aussi physiques et émotionnels qui conduisent un bon nombre de couples à imploser et à se séparer après la naissance d'un enfant ?

Rien n'est plus confrontant que la naissance de son enfant. C'est le point de bascule qui va impliquer une remise en question de l'ensemble des équilibres présents jusqu'alors.

Regardons de plus près et en détails ce qui se passe et observons les signes de la montée en puissance de l'épuisement parental.

Le lien amoureux et la constitution d'un couple nous permettent de consolider une réassurance fondamentale dont nous avons tous besoin. Cet étayage affectif nous est indispensable, car notre nature d'humains nous rend par essence, fragiles, face à nos besoins essentiels de survie, mais aussi face à l'angoisse de mort.

La structuration d'un couple permet à chacun de trouver une position déjà inscrite dans des rouages inconscients bien établis en fonction de systèmes sociaux, religieux, mais aussi de codes propres à un groupe familial et ceci depuis des lustres. En construisant un couple, on trouve sa place comme un élément dans une chaine plus globale, composée de toutes les générations précédentes.

L'arrivée d'un enfant dans le couple va pendant un temps au moins, déstructurer cet ordonnancement et la stabilité, déjà installés dans le couple.

L'inquiétude peut gagner l'un ou l'autre des parents, puis contaminer le second.

« - Aurai-je toujours la même place dans l'amour de mon conjoint ? ».

« - Quelle sera ma place, désormais, dans ma propre famille ? ».

« - Quel sera le regard de mes propres parents sur moi en tant que parent ? »

Bien souvent, l'exiguïté des appartements demande également des réajustements en termes de place ou de territoire des uns et des autres.

Je me souviens de Célia, artiste-peintre, qui s'inquiétait de l'arrivée de son enfant. Etant donné la petite surface du logement, qu'elle occupait avec son mari, il lui semblait impossible d'installer la chambre du nouveau-né dans ce qui lui servait d'atelier de peinture.
Ce souci tournait étrangement à l'obsession et lui gâchait la fin de sa grossesse. Depuis son plus jeune âge, elle avait dû lutter avec ses parents pour imposer ses dons artistiques et n'avait pu exercer son art qu'après avoir livré de nombreuses batailles pour gagner la reconnaissance de son entourage.
Pour son mari, c'était acquis. Il était heureux de vivre avec sa femme artiste et ne manquait pas de le lui témoigner.
Cette reconnaissance si chèrement gagnée, menaçait de replonger dans le déséquilibre, pour une lutte de territoire, avec son bébé. Absurde combat ?
En apparence seulement, car ce genre de tracas psychologique, anodin au premier abord, peut faire le nid d'une déprime, dont les rouages tirent leurs fondements dans des conflits familiaux parfois lointains de plusieurs générations.

Pour l'inconscient de Célia, il fut plus aisé de transformer un problème de reconnaissance, présent depuis son enfance, en excès de fatigue, en déprime ou en tristesse récurrente, le tout, plus acceptable socialement, que d'avouer son problème de territoire affectif avec son propre enfant.

Même pour un adulte, l'approche d'une naissance est le prétexte idéal pour réveiller des expériences difficiles de jalousie lors de l'arrivée d'un frère ou d'une sœur dans sa propre enfance.

Nouveauté sociologique : le désir affirmé de ne pas vouloir d'enfant

Depuis 7 ou 8 ans, un nouveau phénomène sociologique est en train de voir le jour. De nombreux couples décident, ouvertement et sans ambages, qu'ils ne feront pas d'enfant. Il ne s'agit pas là d'une décision transitoire, dans le but de s'octroyer plusieurs années de totale liberté et légèreté. Il est bien question d'un projet de vie, raisonné, décidé à deux et dans lequel il n'y aura délibérément pas de place, ni d'énergie à offrir à des enfants.

Pour éviter d'être regardés comme des monstres d'égoïsme, ces couples sont parfois obligés de formuler de nombreuses rationalisations :

- le monde actuel est inquiétant,
- le taux de chômage très élevé,
- l'économie en crise,
- la pollution omniprésente,
- les risques climatiques de plus en plus alarmants,
- la peur des catastrophes nucléaires, etc.

Mais cette décision est parfois totalement assumée et aucune rationalisation n'est utile. Les membres de ces couples désirent simplement vivre pour eux et avoir le temps de s'occuper l'un de l'autre sans entrave et sans se priver d'une liberté totale.

Quand une naissance réactive une faille

La présence d'une faille initiale dans un couple peut être majorée lors de la grossesse, mais surtout après la naissance des enfants. La distance peut imperceptiblement s'installer jour après jour, jusqu'à créer une véritable béance, en intensifiant les difficultés à se comprendre.

Chacun se replie dans des frustrations qui se développent, entre non-dits et malentendus.

Les rythmes imposés par l'arrivée des nouveau-nés, la fatigue et les routines, puisent tellement dans les réserves physiques et psychologiques, que tous les désordres larvés dans le couple, bien avant la première naissance, vont se multiplier au grand jour.

Marie, 35 ans, était effondrée de constater qu'après la naissance tant désirée de son fils, son mari Jérôme avait de plus en plus désinvesti le couple, concentrant toute son attention et ses réserves de tendresse en direction de l'enfant. Marie vivait cette désertion telle une trahison.

Les crises de pleurs, les suppliques, les conversations sans fin lors desquelles elle lui exposait sa tristesse et sa frustration, n'y changeaient rien.

Leur relation avait pourtant démarré sur une passion sexuelle, mais très vite, les désaccords, les agacements et les difficultés à se comprendre s'étaient amplifiés.
Déjà père de deux enfants d'un mariage précédent, il avait résisté longtemps au désir de grossesse de Marie.

Il avait fini par en accepter l'idée, sans montrer un réel grand enthousiasme. Dès la naissance de l'enfant, le couple connu alors une période de désaccords encore plus forts. Frustré de voir sa maîtresse se transformer en mère, il devint de plus en plus critique à son égard. Quant aux démonstrations d'amour, devenues très discrètes, elles se raréfièrent de plus en plus. Pourtant étrangement et contre toute attente, il s'attacha instantanément très fort à l'enfant, l'attirant le plus possible à lui, tout en dénigrant sa femme en public et devant son fils.

Marie se sentait dupée sur les deux plans : son couple et sa vie de mère. Inutile de préciser que dans cette ambivalence, l'enfant, instrumentalisé par son père, était devenu ingérable, capricieux, agressif avec Marie, tout en développant une admiration sans borne pour son père.

La naissance d'un enfant peut être vécue comme le nouveau départ d'un espoir d'améliorer sa vie et le moyen magique de gommer toutes les difficultés rencontrées auparavant. L'enfant semble investi d'une mission. Il arrive au monde avec, pour tâche principale, de sauver ses parents de leurs problèmes relationnels et ainsi remettre les compteurs à zéro dans un nouvel élan vital.

Quelle responsabilité, mais aussi, quel poids !

3

Lorsque l'enfant paraît

L'ennemi numéro 1 :
La fatigue

Un des signes les plus évidents, chez les couples qui viennent nous consulter, est la fatigue. Une fatigue massive, abrutissante qui empêche de penser, de réfléchir, de prendre du recul, mais aussi de pouvoir envisager autre chose que les gestes obligatoires du quotidien.

Elle s'installe subrepticement et souvent au moment où l'on pense pouvoir tout gérer. Pour comprendre comment elle s'insinue doucement telle une liane envahissante, nous allons déjà en repérer les signes.

La sensation de lourdeur au réveil

Il est fréquent de sentir qu'une nuit de sommeil ne soit absolument pas réparatrice. Pour « purger » votre fatigue, il vous semble qu'il vous faudrait rester sous la couette au moins une semaine, sans bouger.

Chaque matin, vous vous réveillez avec :
. le cerveau engourdi,
. le mental au plus bas,
. des douleurs dans tout le corps,
. de mauvaise humeur,
. avec la sensation de devoir gravir l'Everest chaque jour.

Pas de doute, vous souffrez de fatigue chronique.

Tout se passe comme si vous aviez épuisé toutes vos réserves et qu'il vous est néanmoins demandé de faire tourner rapidement un moteur sans carburant. Très souvent des difficultés d'endormissement, après des journées surchargées, vont raccourcir des nuits déjà trop courtes, parfois entrecoupées de réveils en sursaut, pour aller recoucher un petit qui s'est levé, ou consoler son frère ou sa sœur après un cauchemar.

Douleurs dans tout le corps

Les douleurs sont diffuses ou au contraire très localisées.

Le dos et les épaules sont souvent le siège de bon nombre de crispations physiques et psychologiques.

La colonne vertébrale et l'ensemble de l'ossature constituent un arbre qui soutient toute notre structure. Elle est sollicitée en permanence et ne connaît pas le repos. Son hypersensibilité neurologique en fait le centre des tensions et d'un trop-plein de fatigue. Elle est souvent la première à nous informer de notre état d'épuisement, lorsque nous outrepassons nos réserves d'énergie.

Mais des sensations douloureuses peuvent provenir bien entendu, de nombreuses autres sources somatiques. Il n'est pas rare, dans les cas d'épuisement, qu'il soit difficile de cibler la zone sensible, tant elle semble diffuse et envahissante.

Les causes de la douleur chronique sont parfois intriquées avec de l'épuisement psychologique et physique, à tel point qu'elle peut être soulagée par des traitements antidépresseurs, accompagnés d'une réflexion profonde sur l'organisation de sa vie, dans le but d'apporter des modifications salutaires et indispensables.

Accumulation de symptômes psychosomatiques

- Maux de tête,
- enchaînement de maladies orl,
- troubles du sommeil,
- nausées,
- grignotages tout au long de la journée,
- manque d'appétit,
- prise de poids, ou amaigrissement anormal,
- chute de cheveux,
- douleurs musculaires, sensations de points très douloureux dans le dos, dans les épaules,...

Fatigue émotionnelle

- recherche de solitude,
- impossibilité de se lever le matin,
- sensation d'ennui,
- mauvaise humeur constante,
- sentiment d'insatisfaction chronique,

- absence de désir sexuel,
- apathie plus ou moins marquée,
- insensibilité devant des sources de plaisirs autrefois appréciés et recherchés
- indécision constante, même pour des choix très simples : par exemple : acheter telle baguette de pain plutôt que telle autre, commencer par donner le bain aux enfants, ou préparer le repas ? (Tourner ces questions sans importance, en boucle, sans trouver de réponse simple),
- grande émotivité, pleurs fréquents,
- sensation d'effondrement,
- goût à rien,
- impression de devoir gravir une montagne à la moindre tâche à accomplir, surtout si elle est en lien avec les enfants ou la famille,
- culpabilité envahissante de ne pas se sentir à la hauteur de la tâche à accomplir,
- besoin d'être materné(e),
- besoin de retour en enfance,
- intolérance au moindre souci,
- périodes de révolte suivies d'anéantissement psychique et physique,
- tout devient de trop.

Le manque de sommeil

Avant d'avoir des enfants, on est très peu préparé à ce qui va devenir pendant quelques années, une des raisons d'épuisement de nombreux couples : le manque de sommeil.

Les premières semaines de vie d'un enfant nécessitent naturellement de se réveiller plusieurs fois par nuit, pour le nourrir et le changer. Cette période est habituellement acceptée avec bonne volonté. Elle l'est d'autant plus si les deux membres du couple s'occupent alternativement ou sur un autre mode de partage, de ces réveils qui entrecoupent douloureusement les nuits.

Dans le courant de nos vies, nous faisons tous face à la fatigue. Elle est naturellement issue d'une utilisation excessive des fonctions de nos organes et de notre cerveau.

Cette fatigue se traduit par un ralentissement fonctionnel. Elle est le signe le plus simple et le plus évident, qu'il est temps de restaurer l'intégrité de nos forces physiques, mentales et psychiques. Quand nous sommes dans la capacité de respecter ces signes et de pouvoir simplement récupérer par le sommeil, tout se passe bien. Pourtant, il existe de nombreuses occasions dans l'existence, pour lesquelles il n'est pas possible de pouvoir répondre à la fatigue par un repos suffisant et récupérateur. Et c'est le cas lorsque l'on se lève plusieurs fois par nuit, pour aller apaiser un enfant. On peut alors s'éveiller le matin, avec la même lourdeur et le même épuisement ressenti la veille au soir.

La fatigue peut s'apparenter à une sorte de mille-feuilles. Le pouvoir récupérateur du sommeil est le moyen le plus évident et sain, pour l'aider à disparaître ou au moins l'atténuer. Les organes se restaurent, le cerveau profite de ce temps pour classer et stocker les millions d'informations emmagasinées dans la journée. Lorsqu'un sommeil suffisant, régulier, non tronqué ne peut être apporté, alors des couches d'asthénie vont commencer à s'empiler les unes sur les autres, générant un état d'abattement chronique.

A l'endormissement difficile s'ajoutent les nuits entrecoupées, par les réveils intempestifs des enfants, pour diverses raisons : soif, pipi, terreurs nocturnes, douleurs dentaires, cauchemars.

Qui n'a pas connu ce supplice de Tantale : le sommeil tant attendu arrive enfin et au milieu d'une phase de sommeil profond, le bambin se réveille en pleurant, vous obligeant à sortir du lit tel un zombie !

Si aucun relais n'est pris par le conjoint ou un autre membre de la famille, les signes d'asthénie vont commencer à apparaître pour s'enkyster profondément tout en évoluant par paliers.

La fatigue chronique s'installe à pas de loup, doucement, mais pour longtemps.

Ses premières manifestations se concrétisent par des altérations de l'humeur et un ralentissement général des réflexes. A ce stade, une bonne énergie est encore tout à fait récupérable avec plusieurs bonnes nuits de sommeil. C'est pourquoi à ce degré, il est vraiment nécessaire de bien s'accorder avec un conjoint ou un autre adulte proche, qui prendra le relais, plusieurs nuits durant.

Les mères sursautent instinctivement au moindre murmure de leur enfant et encore plus dès qu'il pleure. Aussi, il faut avoir la sagesse de décider de laisser l'autre membre du couple prendre la relève et lui témoigner une totale confiance. Avoir confiance implique de le laisser agir, sans intervenir pour lui dicter la marche à suivre pour préparer un biberon, changer l'enfant, donner un médicament ou un soin. Et quand bien même il n'a pas les mêmes habitudes que la mère pour gérer l'enfant, peu importe. Cela n'a aucune importance.

Acceptez le fait qu'il est à la portée de tout humain normalement constitué, de savoir s'occuper d'un bébé dans les soins de base.

L'obsession de tout contrôler

Une des causes fondamentales du burn out parental est générée chez les mères tiraillées par leur tempérament anxieux. Toute décision ou la moindre action concernant les enfants doit obtenir leur aval.

L'amélioration de ce burn out doit passer par un lâcher-prise. Il ne peut être opérant pour le parent concerné que par un éveil de conscience : son besoin obsessionnel de tout contrôler, le conduit dans l'impasse.

Si une mère ne peut s'empêcher de sursauter et d'être au garde-à-vous dans les cinq secondes où son bébé commence à pleurer, même si le second parent est tout à fait volontaire pour prendre la relève la nuit, elle peut s'aider à ne pas entendre les pleurs de l'enfant, en utilisant des bouchons d'oreilles, le temps de quelques nuits.

Le fait de s'isoler des sonorités ambiantes, **tout en acceptant de s'en remettre en toute confiance à son conjoint**, permet alors de vraiment récupérer par une nuit complète de sommeil de qualité.

Accepter de lâcher prise pour une mère présente non seulement l'avantage pour elle de réellement reprendre des forces, mais également de souder un peu plus encore son lien avec son compagnon. En effet, la sensation de former une équipe par une totale solidarité, constitue une complémentarité fondatrice d'un véritable amour adulte.

De plus, de nombreux pères découvrent et nouent avec bonheur une relation très forte avec leur bébé, dans la tranquillité de la nuit. Les regards échangés avec l'enfant, les odeurs du bébé, le contact avec sa peau, sans l'œil maternel parfois critique qui involontairement et inconsciemment peut avoir tendance à juger et à comparer les gestes paternels, avec ses propres manières de prendre soin du bébé.

Tout ce partage de l'intime avec l'enfant, dans un tête-à-tête où rien ne peut perturber volontairement ou non la réalité du lien, possède le pouvoir de souder à jamais la relation père-enfant.

Une mère ne sait pas à quel point elle peut ouvrir de nouvelles voies dans la vie familiale, en acceptant de baisser ses armes de louve parfaite et omnipotente, pour simplement DEMANDER à son conjoint de prendre la relève.

Bien sûr, la manière de demander et d'exprimer les choses peut faciliter ou non cette prise de relais. Il ne s'agit pas de demander par le biais de la critique : « Tu ne te réveilles jamais lorsque notre enfant pleure la nuit, je suis bien obligée de me lever ! ». Il ne sera pas plus efficace de le culpabiliser et encore moins de jouer le rôle de la victime, frisant l'effondrement, en imaginant qu'il sera plus convaincu.

Des injonctions contradictoires l'entravent grandement dans ses velléités de prendre la relève, lorsque sa compagne « l'autorise », et en même temps le réfrène par un langage non verbal.

Une discussion simple et claire, adulte, sur un ton calme, lui montrera combien sa femme lui fait confiance et compte sur lui.

Le ton utilisé est vraiment important. La demande gagnera à être énoncée sur un ton calme et respectueux, mais ne doutant pas une seconde de son approbation.

Lorsqu'en dépit des demandes évidentes d'aide, rien ne semble émouvoir l'autre parent ou lorsqu'il n'y a pas de second parent, dans les familles monoparentales, il est indispensable de faire appel à un autre relais : parents, famille, amis, voisins, voire même une aide familiale octroyée par les services sociaux de sa mairie.

Sans ce relais, la fatigue s'accumule dans une spirale infernale et on entre dans la phase de réelle overdose d'épuisement nerveux. Dans l'impossibilité d'arrêter le rythme fou, le couple (mais aussi le parent élevant seul ses enfants) va être obligé de fonctionner au-delà de ses réserves. C'est un peu comme s'il puisait désespérément dans des économies qu'il ne possède plus depuis longtemps !

- Si vous avez l'impression de vivre en apnée,
- d'être condamné(e) à réussir,
- de réunir toutes vos forces pour réaliser comme un robot, toutes les tâches qui vous sont demandées journellement,
- si vous vous sentez asséché(e) sans la moindre énergie à injecter dans des sourires et encore moins dans des activités joyeuses et ludiques avec les enfants,
- si l'idée même d'embrasser votre conjoint, de le ou la prendre dans vos bras vous semble au-dessus de vos forces,

... alors pas de doute, vous frisez l'état de crise et d'épuisement que l'on nomme le BURN OUT PARENTAL.

Multifactoriel, il s'aliment non seulement de la lassitude vis-à-vis des tâches inhérentes à la vie familiale, mais également des rythmes épuisants imposés aux parents. Les enfants ne sont pas épargnés et ils répondent à ce malaise par des caprices, de la mauvaise humeur constante ou de l'hyperactivité.

Nous reviendrons plus en détails sur tous ces points.

La plainte perpétuelle - Le pessimisme dépressif

La plainte continuelle grisaille la vie sans que l'on y prête garde. La mauvaise humeur s'installe en invitée d'honneur avec une facilité déconcertante. La déception et la frustration de ne plus avoir la liberté dont on pouvait jouir avant la naissance des enfants, assombrissent non seulement le parent concerné, mais rejaillissent également sur l'humeur globale du couple et sur l'ambiance générale de la famille.

Il est important de s'écouter parler pour prendre conscience du négativisme dans sa communication, du ton plus ou moins sombre ou plaintif que l'on emploie, en tirant vers le bas, tous sujets de conversation.

Se plaindre continuellement, sans rien faire pour modifier les points qui ne fonctionnent pas dans les échanges familiaux, est le plus sûr moyen de laisser s'installer une ambiance morose et un découragement général. Les enfants captent si bien cet abattement qu'ils s'attristent également dans une perte du sens de la vie. Comment avoir envie de changer, de progresser et d'avancer si les parents montrent si peu d'enthousiasme ?

Si l'on constate cette fâcheuse habitude de communication, plusieurs mesures s'imposent :

- changer de ton,
- contrôler la mécanique inconsciente qui s'est installée en insufflant le gris plutôt que le positif,
- voir un médecin qui peut prescrire un antidépresseur le temps de remonter la pente,
- consulter un thérapeute, avec lequel on pourra parler, être écouté et trouver des solutions,
- s'entraîner et prendre conscience de sa capacité à parler avec plus de légèreté ou d'optimisme,
- s'inscrire à un cours de chant,
- de danse,
- à un stage sportif,
- partir quelques jours en amoureux,
- couper avec la vie de famille trois ou quatre jours de suite, pour se ressourcer,
- voir ses amis,
- avoir de nouveaux projets...

Voilà autant de moyens de sortir de la grisaille et du mauvais pli de la plainte, si dévoreuse de moral et d'énergie mentale.

La fatigue due à la dépression

Le manque de sommeil résulte souvent également de difficultés psychologiques et de soucis empêchant l'endormissement ou générant des réveils inopinés. Il révèle des angoisses, souvent profondes et récurrentes mais il est aussi parfois le signe d'une dépression larvée.

Vu de l'extérieur, il est peu aisé de sentir la différence entre une réelle fatigue physique ou des troubles plus profonds et inconscients.

Arielle, mère de 2 enfants de 6 et 4 ans, en couple, a commencé une descente aux enfers dès la naissance de son second enfant. Son conjoint et tout l'entourage attribuèrent cette dépression à la fatigue d'une grossesse difficile.
Pourtant, l'enfant se révélait particulièrement facile à vivre puisqu'une semaine après la naissance, il dormait toute la nuit, ne réveillant quasiment jamais ses parents. Il s'alimentait facilement et ne présentait aucune difficulté de comportement. Pourtant, en dépit des antidépresseurs délivrés par son médecin, Arielle continuait de se sentir de plus en plus mal, au point de ne plus avoir la force de s'occuper de ses enfants, paralysée à l'idée de préparer un biberon. Elle en était arrivée à supplier son médecin de l'hospitaliser.

La naissance n'avait pas grand-chose à voir avec cet effondrement magistral. Alors que je lui demandai quelle avait été sa place dans sa fratrie, Arielle me répondit qu'elle était la troisième enfant de ses parents... « Non ! Excusez-moi, la deuxième ! »...
Lorsque je lui fis préciser sa place réelle, elle fondit en larmes en m'expliquant que la petite sœur née avant elle, avait succombé au syndrome de la mort subite du nourris-

son à quatre mois. Sa mère l'avait retrouvée sans vie dans son lit au petit matin. Ce décès, on s'en doute, avait déclenché une immense tristesse dans la famille et notamment chez sa mère qui avait mis deux ans à pouvoir en faire le deuil. Au chagrin se surajoutait la culpabilité de ne pas être arrivée à temps pour sauver l'enfant.

Encore grandement dépressive, elle se retrouva enceinte d'Arielle, sans l'avoir prévu, ni désiré. Cette grossesse se construisit sur les fondations hautement dépressives de ce deuil non résorbé.

Arielle me confirma avoir toujours vu sa mère triste. Sa naissance n'avait pas réussi à soulager le chagrin de sa dépression. « Je suis née pour rien » me dit-elle tristement.

Elle m'expliqua ensuite que cette petite fille décédée avait été énormément investie par son grand-père maternel, lui-même emporté par un cancer quelques semaines avant la disparition de l'enfant.

La mère d'Arielle n'avait même pas eu le temps de dépasser le deuil de son père, qu'un second coup de massue, vint l'assommer immédiatement. Pensant pouvoir gérer seule, cette accumulation de chocs émotionnels, elle avait refusé de voir un médecin ou un thérapeute.

Arielle était née sans éveiller grand intérêt chez sa mère. Elle passa toute son enfance et son adolescence en ayant l'impression d'être totalement transparente.

A 17 ans, en rencontrant son compagnon, elle fut abasourdie de ressentir tant d'amour et d'intérêt de sa part.

Galvanisée par cet élan de vie, elle se sentit enfin heureuse. Pourtant, à la naissance de sa 2e fille, tous les symptômes de la dépression familiale, se réactivèrent brutalement.

En travaillant sur son histoire, elle comprit le pont généré par son inconscient, lorsqu'elle parlait de sa propre naissance. Elle réitérait systématiquement son lapsus, (2e ou 3e enfant ?).
Elle se rendit compte, alors, que sa seconde fille occupait non seulement symboliquement la place de sa sœur décédée, mais en même temps sa propre place (2e=3e) d'enfant vivante, mais non investie affectivement.
Décoder l'origine de tout ce malaise lui permit d'aller rapidement mieux et de se libérer enfin d'un poids qui ne lui appartenait pas.

La fatigue liée à la grossesse et à l'accouchement

Les signes initiateurs du futur burn out peuvent déjà se deviner dans la fatigue d'une grossesse, car, si elle se déroule la plupart du temps dans la joie de l'attente, de la projection de la vie avec son futur enfant, elle se montre également éprouvante par divers symptômes :

- des envies de dormir irrépressibles, très compliquées à gérer lorsqu'on travaille,
- les nausées des premiers mois, qui peuvent se prolonger (souvent pour des raisons psychologiques).

Elisa, 28 ans, enceinte de son premier enfant, avait accueilli les premières nausées de grossesse presque avec allégresse, voyant là le signe bien tangible qu'elle était enceinte.

Elle commença à déchanter en ne les voyant pas disparaître aux 3ᵉ, 4ᵉ, 5ᵉ, et 6ᵉ mois de gestation.

Tous les remèdes courants pour y remédier restaient sans effet.

Elle continuait à se sentir épuisée dès son réveil, incapable d'avaler la moindre boisson sans éprouver des nausées.
Commerçante, elle avait été contrainte, pour des raisons financières, de travailler pendant toute sa grossesse. De ces neuf mois qu'elle aurait imaginé garder en mémoire, tel un magnifique souvenir, il ne lui restait que des sensations de malaises et des visions de longs séjours dans toutes les toilettes croisées sur sa route !
Elle comprit rétroactivement les causes de ces nausées intempestives. Elle avait été assaillie inconsciemment par de sourdes angoisses dès les premières semaines de gestation.
En effet, dès le début de leur relation, son conjoint avait montré un caractère nerveux et irascible à la moindre occasion.
Amoureuse de lui, car il savait également se montrer aimant, elle avait poursuivi la relation, en dépit de ses inquiétudes face à ses colères subites et infondées.
Malgré sa joie d'être enceinte, elle ne put réprimer une angoisse et une profonde inquiétude quant à la pérennité de la relation. Mais, incapable de prendre une décision ferme, dans l'ambivalence, son inconscient ne put que lui manifester les signes d'alarme, par l'entremise de symptômes psychosomatiques intenses : les nausées et vomissements permanents.

La prise de poids excessive et l'abandon de son corps sont des symptômes courants.

Les médecins mettent en garde les futures mères de ce risque. Car, à la fatigue d'une grossesse, s'ajoutera celle de porter 10 ou 15 kg de graisse fabriquée en plus de l'enfant, mettant la santé de la mère et du bébé en danger lors de l'accouchement.

L'énergie pour récupérer un poids de forme, après cet excès pondéral, sera parfois elle aussi génératrice de stress ou de malaise psychologique. Aucune raison objective ne donne le signal de l'abandon de son corps pendant la grossesse. En revanche, des causes psychologiques entrent en jeu, pour dérégler la fonction alimentaire dans cette période. La fatigue, parfois, est trop écrasante et le besoin de trouver un peu d'énergie, déclenche celui de manger plus qu'il ne le faut.

En travaillant, il est difficile de combler cette fatigue de début de grossesse, par le sommeil ou le repos. Il est plus aisé de grignoter dans le but de gagner un peu d'énergie supplémentaire.

Mais d'autres raisons plus profondes, psychiquement, conduisent à ce désordre alimentaire : par exemple, après des années de contrôle, une femme peut ressentir le besoin de « se lâcher ».

Ne pas prendre soin de soi, durant cette parenthèse, aura des répercussions inévitables sur l'état moral, après l'accouchement.

Car peu de temps après la naissance, les femmes sont prises d'un besoin essentiel de récupérer une image corporelle positive.

Tout se passe comme si après avoir partagé son espace interne avec un autre, même tant aimé, il y a soudain urgence à restaurer son intégrité physique.

Il est évident qu'un abandon de soi et plusieurs mois de négligences alimentaires, de soins et d'activité physique donneront du fil à retordre à une jeune mère, qui constatera soudain les dégâts, avec consternation.

Un symptôme en entraîne un autre chez les humains : inutile de préciser combien le désir sexuel est invalidé par une auto-évaluation désastreuse de son image.

Les causes de fatigue juste après la naissance

La césarienne

Même si elle est pratiquée avec beaucoup de soins et de sécurité, par un personnel de maternité hautement formé, il n'en reste pas moins qu'une césarienne est une opération fatigante. Le temps de récupération est plus ou moins long, mais la joie d'avoir un bébé permet à la mère d'enfouir momentanément ses difficultés physiques et sa fatigue post-opératoire. Ces deux formes de fatigue psychique sont parfois évacuées par des troubles annexes, plusieurs mois plus tard.

L'épisiotomie

Les suites des épisiotomies peuvent également demander quelques semaines, voire quelques mois avant de passer à l'état de souvenir.

La douleur de la cicatrisation, intime, mais pas moins présente, gâche parfois les premières semaines qui suivent l'accouchement et gêne le rapprochement physique du couple, en déclenchant frustrations et tensions. Ce problème, très fréquent doit être évoqué en consultation, chez le médecin, car des solutions existent et peuvent être rapidement mises en place (rééducation du périnée, par exemple).

Epuisement lié aux naissances multiples

Après un état de sidération et de vives inquiétudes, il est fréquent que des parents acceptent le défi que la nature leur propose, dans le cadre de naissances multiples.

A la peur de ne pas pouvoir parvenir à soutenir le rythme effréné, s'ajoute la crainte diffuse et intime de douter de sa capacité à offrir la même dose d'amour et de soin, à chacun de ses enfants. Cette inquiétude occasionne du stress et une bonne dose de culpabilité : celle d'avoir osé imaginer aimer différemment tous ses enfants.

Cette anxiété secrète est formulée en consultation, avant la naissance des bébés. Elle est souvent aussi puissante que la peur de l'accouchement dans le cas des naissances multiples.

De nos jours, ces naissances sont très bien accompagnées techniquement par des équipes de néonatalogie très performantes. Pourtant, lorsque les enfants sont séparés de la mère pour des raisons de soins intensifs dans des services parfois éloignés de la maternité, un profond désespoir peut étreindre cette mère qui se retrouve soudain « vide » et dépossédée. Les dépressions post-naissances sont d'autant plus fréquentes, dans le cas précis de naissances multiples, pour plusieurs raisons.

Tout d'abord, car après une telle grossesse, l'organisme a été mis à rude épreuve. Mais également parce que le brusque sevrage d'hormones de grossesse, présentes pendant plusieurs mois, peut déclencher une débâcle psychologique et émotionnelle. L'effondrement peut s'installer même chez des femmes très équilibrées habituellement.

Ces difficultés sont de plusieurs ordres :
- ne pas pouvoir « profiter » de la naissance dans de bonnes conditions,
- une plus grande complexité à nouer un lien, lorsque les nouveau-nés sont en service de néonatalogie, difficultés de les prendre dans les bras,
- ou pire encore, devoir assumer la mort de l'un des enfants,
- absorber l'annonce d'un handicap pour un ou plusieurs des enfants,

Chacune de ces complications constitue une épreuve profondément stressante.

Une configuration de plus en plus fréquente se présente pour les couples qui ont eu recours à des traitements de procréation assistée. Ils peuvent avoir la surprise de découvrir qu'ils attendent plusieurs enfants en même temps. Heureux ou effrayés, ils connaissent inévitablement une période de grande déstabilisation pendant laquelle ils se posent mille questions, mais n'osent parler à personne de leurs inquiétudes ou de leurs doutes estimant qu'ils n'ont pas le droit de se plaindre ou d'évoquer leurs appréhensions, après avoir bénéficié de soins de haut vol sur le plan médical, ils vivent alors leurs interrogations et tourments en silence.

Pire est le dilemme interne ressenti, lorsqu'il est évoqué le mot terrible de « réduction » du nombre d'embryons. Cette décision peut être envisagée pour des raisons de sécurité pour la mère ou pour donner une chance à la grossesse d'arriver à son terme.

Le baby-blues

A ne pas confondre avec une réelle dépression, cette phase transitoire peut envahir une mère, même très stable psychologiquement en temps ordinaire.

Elle survient en général deux ou trois jours après la naissance et peut se poursuivre pendant quelques semaines.

Les signes indicateurs d'un baby-blues sont une irritabilité de la mère et une alternance émotionnelle. Elle peut rire et pleurer successivement, d'une minute à l'autre, dans la consternation et l'incompréhension de l'entourage familial et social.

Ces troubles font leur apparition principalement après la sortie de la maternité. Hors de la zone de sécurité psychologique et logistique du personnel hospitalier, il est facile de ressentir un stress à fonctionner sans parachute de protection. De plus, l'inquiétude et le sentiment de solitude sont souvent majorés dès que le conjoint reprend son travail, augmentant ainsi le sentiment d'angoisse face à l'isolement et à cette situation inconnue.

Les chutes brutales des taux d'hormones de grossesse, progestérone et estrogènes, concourent grandement à provoquer ces troubles de l'humeur, dans des alternances thymiques et émotionnelles.

Nombreuses sont les femmes qui évoquent le symptôme du ventre vide. En effet, chacun des jours des neuf mois de grossesse, permet aux mères de se sentir comblées au sens propre, comme au sens figuré.

Au niveau psychanalytique pur, pour la première fois, la mère qui fut avant tout une petite fille, ne se sent plus « castrée » sur le plan de la fantasmatique phallique. Car toutes les fillettes de 2 ans 1/2 à 5 ans ressentent avec stupeur, une incompréhension à ne pas posséder de phallus comme les garçons. La plupart vont y renoncer en se contentant des explications approximatives des parents : « Les petites filles n'ont pas de zizi, c'est comme ça, mais toi plus tard, tu pourras avoir des enfants ». Cette explication les laisse souvent perplexes et certaines intrépides n'abandonnent pas pour autant, essayant d'imiter les copains, en expérimentant le pipi debout. Après quelques tentatives inconfortables, elles se résolvent à capituler face à cette évidence anatomique.

Elles grandissent avec ce renoncement, mais en gardant une sensation très archaïque et inconsciente de vide. Un objet est manquant. Elles ne savent plus l'identifier et ce fantasme va se nicher au fond de l'inconscient.

Ce complexe du phallus manquant se manifeste à nouveau de diverses manières. Il est, notamment, l'une des causes du manque de confiance en soi de nombreuses femmes, quand ce dernier n'est pas lié à l'éducation, au contexte familial et aux comportements affectifs défaillants des parents. Passées les quelques semaines d'inconfort du début de gestation, les femmes se sentent souvent dans un état de complétude très épanouissant. L'enfant remplace l'objet phallique manquant, le ventre est comblé et le moral au beau fixe.

L'accouchement marque la fin de cette plénitude inconsciente, réactivant la frustration archaïque de la castration symbolique chez la petite fille. Plus que jamais, la nouvelle accouchée a besoin de manifestations d'amour et de tendresse de la part du deuxième parent et de son entourage familial et amical. Il lui est plus facile de se remettre rapidement, mais aussi de récupérer ses marques psychiques et physiques si elle se sent très « contenue » par ces témoignages d'amour,

Il incombe au compagnon de la rassurer sur son image physique, mais aussi sur le désir qu'il éprouve pour elle. Le corps a été mis à rude épreuve et l'image que peuvent poser les femmes sur elles-mêmes dans cette période post-grossesse est souvent sans complaisance, en regard du chamboulement physiologique qu'elles viennent de vivre.

Le conjoint a, d'ailleurs, bien du mal à comprendre pourquoi sa femme pleure alors que tout semble si bien aller. Son sentiment d'impuissance est d'autant plus grand qu'il a l'impression de n'avoir aucun pouvoir pour endiguer cette tristesse incompréhensible.

Il ne sait pas combien son rôle est fondamental pour atténuer l'épuisement et la déprime de sa compagne. Par une bonne écoute, tendre, respectueuse, optimiste et dédramatisante, alliée à une participation active de l'entourage, il sera plus facile de reprendre des forces pour se recadrer dans un bon équilibre.

Un relais des grands-parents, lorsqu'ils sont bienveillants et efficaces avec les autres enfants, sera également bienvenu.

Pour chasser ce baby-blues, la mère ne doit surtout pas s'enfermer dans un huis-clos avec son bébé, mais au contraire sortir, le présenter à la famille, aux amis, aux collègues.

On gagnera beaucoup à dormir chaque fois que ce sera possible (temps de sieste du nouveau-né) pour récupérer.

N'hésitez pas, en qualité de conjoint, amis, famille et collègues à la pousser à prendre soin d'elle : coiffeur, séances de remise en forme, sport, soins esthétiques, massage, relaxation.

L'important est de lui montrer combien elle n'est pas isolée socialement et qu'elle a la possibilité de sortir de l'exclusivité de la bulle mère-bébé, quand elle en éprouve le besoin.

Si ce baby-blues persiste au-delà de 4 ou 5 semaines après l'accouchement, c'est qu'il évolue probablement vers une dépression post-partum. C'est le cas, particulièrement, si les symptômes mutent vers un désintérêt général, une tristesse récurrente, des idées de débordement, des évocations de suicide. Il devient alors urgent d'aller consulter son médecin, un psychologue, un psychanalyste ou un psychothérapeute, pour pouvoir évoquer cette souffrance, tout en mettant en place des solutions.

Le baby-blues du père

L'évocation de cette expression concernant un homme aurait pu sembler saugrenue il y a encore quelques années. Pourtant, nous recevons de plus en plus souvent des pères surpris de ressentir une grande tristesse, quelques semaines après la naissance de leur enfant. Si pour les femmes, les premiers signes du baby-blues apparaissent dès les premiers jours qui suivent la naissance, pour les pères les symptômes sont plus discrets et se développent plus franchement dans les mois suivants, bien que certains craquent également quelques jours après la naissance.

Par rapport aux décennies passées, les hommes sont, en effet, beaucoup plus présents dans tout le processus de grossesse et de naissance de leurs enfants. Ils vivent ces grands évènements avec des bouleversements émotionnels, des attentes, des peurs, des anxiétés, qu'ils partagent avec leur compagne. Lors de l'accouchement, eux aussi sont envahis par des sentiments puissants positivement, mais tout aussi éprouvants, quand ils sont confrontés à la douleur de leur conjointe. Assister à la naissance, est un progrès considérable pour les pères, autrefois écartés de cet instant unique émotionnellement et tellement indispensable pour souder l'attachement avec l'enfant. Mais il faut bien avouer que la vision du corps de leur femme, au moment de l'accouchement a pu en traumatiser plus d'un.

Saignements, épisiotomie, expulsion du bébé, la surveillance des appareils, le stress, l'attente, la douleur, tout contribue à laisser chez certains pères de mauvais souvenirs, absorbés immédiatement dans la mémoire, par l'inconscient et laissant place à la joie et à l'émotion positive de la naissance.

Leur inconscient s'empresse, en effet, de faire disparaître ces images impressionnantes, mais, loin de reléguer ces visions dans les oubliettes, il attendra quelques jours ou quelques mois pour les ressortir sous forme de symptômes d'angoisses, de tristesse, de troubles sexuels, d'impuissance, d'insomnies ou de fatigue insondable.

Pour la plupart des parents, la période de la grossesse se construit sur le plan psychique autour du fantasme d'une parentalité idéalisée. Les pères n'échappent pas à cette vision utopique du rôle qu'ils pourront jouer, même si de petites bulles d'anxiété viennent déjà jeter le trouble dans leur esprit.

Le nouveau père, tout comme la nouvelle mère, est lui aussi subitement projeté dans une autre dimension de lui-même. Accéder au statut de parent le propulse instantanément dans une nouvelle sensation de lui-même, dense et consistante, inconsciemment vécue telle une avancée inéluctable d'un cran fondamental, sur l'échelle de leur lignée.

De plus, en devenant parent, il projette ses propres parents vers le statut de grand-père et grand-mère.

Ce n'est pas anodin, car se profile automatiquement le spectre et l'angoisse de les voir vieillir et mourir. Cette idée hautement anxiogène est inscrite profondément chez tous les enfants. Il faut parfois toute une vie pour la dompter et l'isoler dans les méandres de son inconscient.

Devenir parent à son tour, réactive au premier plan, cette peur archaïque. Mais par la même occasion, la naissance d'un enfant est la preuve tangible que la vie est en action, qu'elle avance et que l'insouciance et la liberté, vont laisser place à la responsabilité d'une vie. C'est aussi la confrontation avec la fin d'un fantasme d'immortalité.

L'homme devient le père et son père, le grand-père. Si son père décède, il est alors en première ligne, sans la protection de son parent et de surcroît, face à sa propre impermanence.

Toutes ces réflexions ne sont pas intellectualisées de la sorte consciemment, elles se révèlent à l'analyse psychologique des symptômes, lorsque l'un de ses nouveaux pères vient consulter pour des angoisses ou une dépression soudaine.

Un homme peut souffrir de se sentir relégué au second plan, témoin passif de la relation symbiotique entre sa femme et le nouveau-né. Les relations sexuelles sont souvent en recul, accentuant frustrations et tensions et rendant l'atmosphère électrique. Les sentiments ambivalents à l'égard de l'enfant parfois oscillent entre tendresse et rejet. Une allergie peut survenir également, vis-à-vis des pleurs du bébé, déclenchant des réactions de colère (cris, gestes brusques) suivies de culpabilité intense d'avoir pu se laisser aller à formuler des horreurs sur son enfant.

Lorsque la nervosité et les sentiments ambivalents viennent parasiter la relation, la première réaction logique est d'en parler à un médecin, un thérapeute, à des collègues ou des amis. Etre déboussolé par la naissance d'un enfant est fréquent et n'a rien de ridicule. En parler est une manière de dédramatiser et de comprendre que le sentiment paternel n'est pas toujours automatique, pas plus que le sentiment maternel.

Si tel est votre cas, il est important aussi de prendre le temps de regarder son enfant, tranquillement, seul, pendant qu'il dort, de sentir à quel point il est vulnérable, fragile, dépendant, déjà tellement accroché affectivement à ses parents, tellement attentif et réactif à ce qu'ils ressentent. Il n'est pas né pour vous empêcher de vivre, il ne crie pas pour saboter vos nuits, ce n'est pas un être étranger que vous ne comprenez pas plus qu'il ne vous comprend.

Ce petit être vous aime déjà depuis longtemps. Il connaît votre voix depuis plusieurs mois avant sa naissance. Il en percevait les modulations depuis son monde utérin. Soyez-en sûr, pour lui, vous n'êtes pas n'importe qui, il vous aime et ne peut compter que sur vous et sa mère pour sa survie physique, affective et psychique.

Son seul désir est d'entrer en contact avec votre cœur, votre peau, votre chaleureuse tendresse, vos regards et vos mots d'amour. Rapprochez votre visage de son souffle, sentez son parfum de bébé. Si vous avez du mal à le toucher, à vouloir vous en occuper de peur de « mal faire », commencez par préparer un biberon, ou les objets nécessaires pour lui donner le bain. Petit-à-petit vous aurez envie de vous en occuper plus directement, en constatant l'évidence et l'efficacité de vos gestes.

Je conseille aux mères de laisser le père et l'enfant en tête à tête, de profiter de ces moments pour se détendre, aller voir des amis, pour s'offrir un massage ou une nouvelle coupe de cheveux chez son coiffeur.

Pendant ce temps, le papa a le temps de s'occuper seul de son bébé et de découvrir qu'il se débrouille très bien pour donner un biberon, changer une couche ou pour l'apaiser.

Il découvre en même temps le plaisir et l'intérêt du jeu, vecteur de communication avec le bébé, aussi petit soit-il.

Il n'y a pas une manière meilleure que l'autre pour prendre soin de lui. Peu importe la technique ou l'ordre dans lesquels il sera habillé, lavé. L'important est que ce soit fait dans la douceur, la tendresse, le respect et la joie. Ces moments uniques rassurent autant le père que l'enfant et représentent autant d'éléments de construction d'une belle relation.

L'arrivée du bébé doit s'insérer naturellement et simplement dans la vie du couple. C'est pourquoi, il est important de trouver des relais, grands-parents, amis, baby-sitters, pour avoir la possibilité de sortir, d'aller au restaurant, au cinéma...

Si le père est sportif, il est d'autant conseillé dans ces périodes de ne pas interrompre des activités sportives ou des loisirs qui permettront de retrouver des habitudes et des plaisirs qui existaient avant la naissance et qui n'ont aucune raison de disparaître après (conseil également valable pour les mères).

La paternité sera d'autant plus facilement acceptée, si un homme n'a pas l'impression que la naissance de son enfant est responsable d'un despotique et irrémédiable coup de balai, dans de tout ce qui constituait ses repères.

Le désarroi face aux pleurs du bébé

Si le premier cri de la naissance est attendu avec impatience, puisqu'il est le signe que l'enfant est bien vivant, les pleurs qu'il va émettre à la maternité et dès le retour dans son foyer, peuvent laisser les parents perplexes pour en décoder la signification. Trouver la bonne réponse à leur apporter devient, pour certains, une source conséquente de stress.

Les pleurs de l'enfant relèvent d'un véritable prodige d'adaptation relationnelle. Car si dès les premiers jours, ils constituent des réflexes déclenchés par un besoin physiologique. Dès que le confort homéostatique n'est plus en équilibre, les cris sont suffisamment puissants et d'une fréquence sonore propre à chaque bébé, pour être capables d'alerter l'attention des parents. Ils sont cependant générés au plus juste de ce qu'ils peuvent supporter pour ne pas fuir. On ne peut que saluer cette merveille d'adaptation, car le seuil de résistance des parents n'est pas identique pour tous.

Dès les premières heures après la naissance, la mère est capable de reconnaître les pleurs de son bébé au milieu de ceux d'un groupe de nourrissons à la maternité.

Très rapidement, ces pleurs, automatiques après la naissance, vont évoluer au fur et à mesure des réponses de la mère et du père. Cette adaptation aux réponses adéquates ou non des adultes qui l'entourent, va permettre à l'enfant d'établir un dialogue composé d'abord de pleurs plus ou moins modulés, exprimant le message qu'il veut transmettre, puis muter vers une palette de sons très élaborés, racines du langage futur.

En général, des parents très attentifs, tendres et proches de leur enfant sauront décoder très rapidement ses besoins en fonction de ses cris et mimiques. C'est ce qui se produit dans le meilleur des cas. Pour cela, il est nécessaire que la mère et le père soient affectivement très proches de l'enfant, tout en conservant une bonne décontraction psychologique pour ne pas générer de la tension supplémentaire capable de parasiter cette communication subtile.

J'ai toujours été émerveillée par l'aisance des mères africaines avec leurs bébés. Pour la plupart d'entre elles, vivre la maternité est une grande évidence. Elles sont naturellement sûres d'elles. Elles ont elles-mêmes été élevées avec l'idée qu'enfanter et élever un bébé constituent des actes simples et évidents dans la vie. Elles bénéficient souvent de la présence de leurs aînées et des autres mères : les tantes, les grands-mères, les voisines, qui apaisent par leur expérience toute question naissante.

C'est loin d'être le cas pour la plupart des femmes des pays industrialisés. La stupeur et l'incompréhension face à la demande de l'enfant, à ses pleurs peuvent rapidement déclencher chez les parents, nervosité, inquiétude, allant jusqu'à l'affolement, ce qui aura pour effet immédiat d'intensifier les cris du bébé trop angoissé par la réponse inadéquate de ses parents.

Pour un nourrisson, une réponse inadéquate égale :
INSÉCURITÉ
Cet effet « boule de neige » peut être à l'origine d' un véritable enfer.

Alicia, mère d'un enfant hurlant des heures durant, nuit et jour, m'expliquait, effondrée, qu'elle en était arrivée au stade où elle appréhendait de rentrer de son travail le soir, tant elle se sentait impuissante à apaiser les cris de son bébé.

Nombreuses sont les raisons des pleurs de l'enfant :
- inconfort homéostatique (trop chaud, froid, mouillé, faim, soif, coliques, mauvaise position dans le lit, douleur),
- besoin de sentir le contact rassurant de sa mère ou de son père,
- accumulation de stimulations tout au long de la journée, saturation nerveuse, énervement, besoin d'évacuer la tension,
- douleurs dentaires,
- impression d'être perdu dans un grand espace. N'oublions pas qu'il a été bien contenu dans l'utérus pendant neuf mois, se sentant cadré et protégé. Il est aisé d'imaginer l'impression de vide qu'il doit ressentir dès sa naissance. Il ne peut que se sentir perdu hors d'un espace contenant : berceau, bras des parents, petit lit.

Mais d'autres raisons, plus complexes, peuvent déclencher des heures de pleurs incessants, tant redoutés, au point que certains y laissent leurs nerfs et leur moral.

Les bébés et les jeunes enfants sont de véritables récepteurs des moindres ondes positives ou négatives véhiculées autour d'eux. Surtout lorsqu'elles sont en relations avec l'humeur, le psychisme et l'ambiance générée par leur entourage. Quoi que fassent les parents pour cacher les dilemmes et tensions qu'ils traversent, rien n'y fera, l'enfant, véritable antenne, captera la tension, même la plus dissimulée.

Je dirais même qu'il est l'amplificateur de cette tension. Très souvent, les parents viennent consulter pour des pleurs trop fréquents chez leur enfant et nous découvrons qu'il ne fait qu'exprimer ouvertement les inquiétudes, un problème du couple, un symptôme névrotique ou une tension chez l'un d'eux.

Il a en effet très peu de moyens à sa disposition pour témoigner de son inconfort et de ses sentiments d'insécurité face à la tension de ses proches. Les seules possibilités d'expression, en miroir au malaise de ses parents, se produisent via un ou plusieurs symptômes somatiques (coliques, vomissements, difficultés d'appétit, problèmes intestinaux, cutanés (eczéma), respiratoires (asthme), ORL, otites à répétition...).

Mais il arrive qu'il le manifeste également, à travers un symptôme comportemental : apathie, nervosité, mouvements rythmiques dans le lit. Il peut passer des heures à se cogner la tête contre le sol ou développer le spasme du sanglot (retenant sa respiration, il tombe en pâmoison). La dépression, bien sûr, n'est pas étrangère aux très jeunes enfants.

Je me souviens d'un petit garçon âgé de 15 mois, amené en consultation par sa mère à la demande du pédiatre. Cette femme tenait son enfant dans ses bras, un enfant d'une sagesse étonnante. Petite statue silencieuse, il semblait trop petit et trop menu pour son âge. Elle était venue consulter parce que son enfant ne mangeait plus depuis plusieurs mois et pleurait chaque soir, pendant des heures. Elle avait assumé seule l'aventure de la grossesse et son conjoint n'avait pas plus été présent pour la naissance. Les parents ne s'entendaient absolument pas, mais à l'annonce de la grossesse, ils s'étaient convaincus de continuer un bout de chemin, ensemble.

De graves disputes débouchaient très fréquemment sur des scènes de violence qu'elle n'avait bien sûr pas exposées au pédiatre qui suivait son bébé. Pendant qu'elle me racontait son histoire, j'observais l'enfant, dont le regard vissé sur le visage de sa mère, cherchait à décoder ses paroles et expressions. Il ne la quittait pas des yeux, avec un air grave et si sérieux.
C'était bouleversant. Pendant une seconde, il me parut tellement adulte et sa mère si fragile.
Par ses symptômes d'anorexie et ses pleurs constants, il montrait, à sa manière, combien il était inquiet pour elle et pour son intégrité physique. Sa mère réussit à convaincre son compagnon de la nécessité de démarrer une thérapie de couple pour tenter de voir plus clair dans leurs sentiments contradictoires.

Très peu de temps après, ce petit garçon retrouvait l'appétit, ses pleurs du soir avaient cessé. Il était rassuré à l'idée qu'une autre personne que lui allait « s'occuper » de ses parents. Il pouvait enfin relâcher la pression énorme qui l'étreignait, l'empêchant de commencer à vivre sa vie d'enfant. Il était enfin autorisé à se décharger de cette responsabilité titanesque pour un être si jeune.

Stress et inquiétudes liés à l'alimentation de l'enfant

Sous le regard et les conseils du personnel de la maternité, le démarrage de l'alimentation du nouveau-né se passe plutôt bien, mais dès le retour à la maison, les parents les plus anxieux car trop soucieux de tout faire à la perfection, se retrouvent parfois déboussolés. Rien ne semble aller comme ils l'avaient pourtant lu dans les livres.

Les angoisses concernant les quantités ingérées par l'enfant sont souvent l'apanage des mères. Elles sont brusquement saisies d'une sensation d'incapacité ou d'une incompréhension face à la demande de leur petit.

Que ce soit au sein ou au biberon, la question la plus inquiétante est de savoir si elles ont été suffisamment comblantes pour le bébé. Etrangement, parmi toutes les interrogations autour de la grossesse, jamais aucune femme ne s'inquiète de savoir si son enfant s'alimente bien dans son utérus !

Son « intérieur » serait fantasmatiquement et automatiquement comblant, mais ses capacités externes, la déroutent beaucoup plus.

Etrange ?

Non, car intrinsèquement et d'une manière inconsciente, les femmes enceintes sont généralement convaincues de n'être que « bienfaisantes » pour leur enfant.

Tout ce qui se passe à l'intérieur de leur corps, ne peut être que bon pour leur fœtus. Elles considèrent qu'elles sont en état de grâce pendant la gestation, l'enfant est bien au chaud, caché dans la cavité maternelle et rien ne peut lui manquer dans cette caverne d'Ali Baba !

Cependant, par un curieux tour de passe-passe inconscient, dès qu'il naît et par conséquent se retrouve à l'extérieur de leur utérus, les mères peuvent perdre soudain toute confiance en elles et s'imaginer qu'elles sont, insatisfaisantes, voire incapables de deviner ce qui est bon ou pas pour leur bébé. Lui-même semble ne pas comprendre pourquoi les gestes sont soudain inadéquats, nerveux, excédés ou au contraire trop enveloppants et étouffants.

Ce sont ces mères qui assiègent les salles d'attente des médecins et pédiatres pour le moindre signe de malaise de l'enfant, pour des biberons non terminés (« Il ne va pas grandir ! »), ou au contraire, engloutis (« Il va dépasser la courbe de croissance recommandée ! »). Ce sont également ces mères qui, désespérées, imaginent que les pleurs du bébé sont dus au fait qu'elles ne produisent pas assez de lait, réactivant ainsi l'angoisse d'être la mauvaise mère éternellement insatisfaisante.

Elles pèsent inlassablement leur enfant, avant et après le biberon ou la tétée, tenant des courbes de poids et se déprimant à chaque mauvaise « performance ».

L'allaitement est le moyen le plus simple et le plus adapté naturellement pour nourrir les bébés depuis qu'il y a des mammifères sur cette terre. Ce mode d'alimentation est tellement au point qu'il s'adapte (à condition qu'on lui en laisse le temps) aux besoins alimentaires évolutifs de l'enfant.

Mais de toute évidence, si une femme n'est pas prête à allaiter, quelle que soit la raison, ce qui compte pour un bébé, est fondamentalement l'amour qu'il sent dans les gestes de sa mère ou de son père, pendant qu'il boit son biberon. C'est le contact, la chaleur, le regard bienveillant de ses parents qu'il absorbe en même temps que le lait qui lui est donné.

Cependant, l'allaitement est tellement codifié inconsciemment et tellement symbolique des rapports affectifs qu'une femme a pu entretenir avec sa propre mère, que de nombreuses difficultés physiques et psychologiques peuvent venir perturber cette alimentation simple et naturelle, au moment où elle devient mère elle-même.

Une mère qui nourrit son enfant au sein, tout en étant dénuée d'affectivité, pour des raisons névrotiques, montre souvent une raideur, une froideur qui laissera le souvenir symbolique d'un « mauvais sein », d'un « sein vide » dans l'inconscient de sa fille.

Et il est fort probable que ce manque d'affectivité et de tendresse ressenti dans l'enfance aura pour effet de ne pas l'inciter à allaiter lorsque son tour sera venu d'être mère.

Ayant été carencée elle-même très tôt, son image de la fonction maternelle a pu en être impactée négativement. Par glissement de symptômes, elle est affectée dans les fondements inconscients de ses propres compétences maternelles.

Mais, par opposition et parce que l'inconscient a l'art du paradoxe, il arrive souvent que les mères ayant eu des enfances marquées par l'inaffectivité maternelle, se sentent stimulées par un besoin compensatoire de rattraper les carences vécues dans leur plus jeune âge. C'est ainsi que par excès de perfectionnisme, elles allaitent leurs bébés parfois jusqu'à l'âge de 3 ans !

Si elles n'allaitent pas, elles développent néanmoins tant d'inquiétudes et tant d'attentions concernant ce qui est ingéré par l'enfant, que cela confine à l'obsession de trop vouloir coller au plus près de la norme, relevée avec application, dans des livres ou sur internet, péchant ainsi par excès.

Ce débordement d'attentions obsessionnelles n'est pas seulement destiné à leurs bébés, mais également à elles-mêmes, ou plutôt, aux petites filles qu'elles furent, sevrées brutalement, ou malmenées par des mères inaffectives. Sans le savoir, à travers leur bébé, elles jouent deux rôles : celui de la mère et celui de l'enfant qu'elles furent. Elles deviennent en quelque sorte et rétroactivement, leur propre bonne mère.

Leur enfant, n'est présent qu'en qualité de transfert et sa naissance n'est parfois qu'un prétexte pour permettre à ces femmes, de pouvoir restaurer symboliquement une déficience affective maternelle vécue dans leur propre enfance.

Du côté du nouveau-né, tellement connecté à sa mère, il sent bien dans cette situation les tiraillements vécus au plus profond de son inconscient. Rien ne lui échappe lorsqu'elle éprouve des sentiments contradictoires à son égard. Il ne peut qu'en ressentir un malaise, se traduisant le plus souvent par des « rejets », des reflux gastro-œsophagiens, des vomissements, des pleurs fréquents, des coliques qui angoissent tant les parents.

L'enfant ne semble jamais détendu, il pleure chaque soir pendant des heures, se réveille de nombreuses fois dans la nuit, semblant vouloir manger, tout en refusant le sein, ou le biberon dans la consternation et le stress général des parents qui ne comprennent pas ce qu'il désire véritablement.

Ces symptômes psychosomatiques sont tout aussi présents lorsqu'il règne dans la maison une tension, due la plupart du temps à des désaccords entre les parents ou des difficultés auparavant occultées. Elles se réveillent à l'occasion de cette nouvelle organisation familiale.

L'adaptation du père

Après les premiers jours d'émerveillement, il n'est pas simple pour un père de ne pas éprouver, parfois, un sentiment diffus d'agacement face à la fusion mère-enfant.

Caroline, 26 ans, racontait qu'il lui avait été impossible d'allaiter son bébé. Cette impossibilité n'était pas due au fait qu'elle ne produisait pas de lait. Loin de là.
Son compagnon l'avait persécutée, dès les premières minutes de la naissance, essayant de la persuader de ne pas accepter la première tétée "de bienvenue" préconisée par les maternités (même pour les mères désirant donner le biberon par la suite).
À grand renfort de rationalisations, il expliquait qu'il tenait à donner le biberon à son enfant pour ne pas se sentir mis de côté, lors des tétées au sein. La réalité inconsciente était tout autre. Il revivait, sans le savoir, la jalousie qu'il avait ressentie lors de la naissance de son petit frère, né un an après lui.
Sa mère avait allaité ce frère, alors qu'elle ne l'avait pas fait pour lui. Il ne s'était jamais remis de cette trahison.

Voir son propre enfant au sein, avait immédiatement réactivé cette blessure. Considérant que le sein de sa femme était sa propriété (!) comme le sein de sa mère aurait dû l'être, selon lui, il avait transféré sur son enfant, sa blessure narcissique infantile.
L'extraordinaire finesse de l'inconscient est de trouver un stratagème bien logique et bien rationnel au premier abord, pour endiguer net une situation insupportable du point de vue névrotique.

Dans le cas de ce père, il lui avait fallu trouver une justification qui puisse être plausible socialement.
Le prétexte avancé : donner lui-même le biberon à son enfant pouvait très bien se justifier, surtout en ajoutant, qu'il redoutait de se sentir mis à l'écart de la relation mère-enfant. Indiscutable argument.
Ma patiente, prise au piège de ce plaidoyer, n'avait su contredire son compagnon et encore moins imposer ce qui était important pour elle et son bébé. Elle avait cédé, la mort dans l'âme, prise dans la culpabilité d'avoir frustré son enfant au profit des caprices névrotiques du père.

Des jalousies enfantines inconscientes peuvent également rejaillir dans l'esprit des pères au moment de la naissance du premier fils.

Antoine ne comprenait pas la pression qu'il faisait supporter à sa femme depuis la naissance de leur fils. Très amoureux d'elle depuis leur rencontre, il était devenu bizarrement grincheux, désagréable, pressant et insatisfait. Dès le réveil, il faisait peser une ambiance de plomb sur son entourage et notamment sur sa femme.
Il l'épuisait par des récriminations injustifiées, s'énervant dès qu'elle s'occupait du bébé un peu trop longtemps à son goût. Son comportement oscillait entre l'agacement acrimonieux et des attitudes enfantines, réclamant de la tendresse (qu'elle ne lui refusait pas) sur un mode boudeur et capricieux.

Epuisée et abattue par l'attitude de son mari, stupéfaite de le voir soudain si différent, elle vint consulter. Son propre moral, si optimiste d'ordinaire, commençait à sombrer petit à petit dans un morne épuisement qui ressemblait fort à de la dépression. D'abord incrédule de sa démarche, il accepta de venir en parler, également.
Il découvrit qu'il avait enfoui une grande rancœur, développée à la naissance de sa sœur. Il était alors âgé de 18 mois.
Face à ses manifestations de jalousie, ses parents lui avaient simplement demandé de se comporter en « grand frère », évacuant le problème d'un revers de la main, sans plus se poser de questions.

On imagine aisément aujourd'hui, combien ce genre de demande n'a aucun sens pour un enfant si jeune.

Il est au contraire, indispensable de redoubler de tendresse et d'attention avec les aînés, lors d'une nouvelle naissance. L'attachement et l'intégration du nouvel arrivé dans la fratrie se feront avec plus d'évidence et de souplesse, si les aînés ne sont pas angoissés à l'idée de perdre une part de leurs anciennes prérogatives. Bien entendu, cela demande une vigilance accrue de la part des parents, pour être capable de réagir dans l'instant et rassurer un besoin particulier d'amour, d'attentions et de soins chez les plus grands.

Lorsque ce n'est pas le cas, parce que tous les parents n'ont pas la capacité affective et sensible de bien réagir face à cette difficulté, alors la frustration et la jalousie de l'aîné ne pourront pas s'éteindre. Elles ne feront que se consumer à petit feu pendant des années, attendant dans l'ombre de pouvoir flamber à nouveau symboliquement. L'âge adulte n'y change rien et les rancœurs continuent de parasiter les relations entre frères et sœurs, parfois une vie durant.

De plus, d'un jour à l'autre, les carences infantiles refoulées peuvent rejaillir du fond de l'inconscient, après la naissance d'un enfant, pour s'extérioriser par des comportements agressifs, pressants, pour l'autre parent parfois jusqu'à l'insupportable.

À noter que ce retour du refoulé, peut tout aussi bien se produire de la même façon pour un père que pour une mère. Une femme, même tout nouvellement mère, peut montrer une attitude désagréable, jalouse, face aux soins et à l'attachement d'un père pour son enfant, surtout si c'est une fille, réactivant ainsi une frustration infantile dans sa propre histoire avec son père.

Dans chacun de ces cas, inévitablement, ces comportements génèrent d'abord un étonnement, suivi d'un agacement, puis d'une tristesse profonde à ne pas comprendre ce qui se passe. Cette tristesse peut se transformer en véritable dépression, liée à la tension constante instaurée par cette jalousie, mal digérée et réactivée.

La période de fatigue après la naissance constitue le théâtre idéal pour que s'exercent des tensions importantes entre les parents. Il est, en effet, souvent difficile pour de nombreux pères d'accepter une période de non-désir sexuel de la part de leur compagne.

Là encore, on assiste chez eux au retour de ce narcissisme infantile, qui perturbe la capacité à raisonner et à comprendre que le corps de leur femme a été largement bouleversé pendant 9 mois de grossesse, un accouchement, parfois une césarienne, puis une période d'adaptation avec le nouveau-né.

Il est rare qu'une femme, accouchée depuis peu, puisse se transformer en bombe sexuelle.

Son corps a été soumis à rude épreuve et doit se remettre tranquillement, sans stress et sans la pression d'une culpabilisation. Le désir sexuel est souvent mis en sommeil. La nature fait très bien les choses, puisque toutes ses hormones d'une mère sont polarisées sur sa maternité, l'allaitement, son affectivité et ses émotions, dans le but de lui permettre de se concentrer sur l'attachement qu'elle va instaurer avec son enfant. Naturellement, toute son attention est focalisée sur les besoins essentiels et sur la protection d'un nouveau-né si fragile et dépendant. Sans ce mécanisme subtil, les humains auraient probablement depuis longtemps été rayés de la planète.

Le poids des familles d'origine sur le couple parental

Si une naissance représente, en général, une joie pour un groupe familial, elle peut également réactiver des tensions entre les frères et sœurs, des comparaisons maladroites, des règlements de comptes, via les enfants des uns et des autres.

Ce stress et cette ambiance orageuse peuvent également provenir de conflits déclenchés par des grands-parents trop envahissants.

Par ailleurs, lorsque l'on devient mère, on n'en reste pas moins la fille de sa mère et plus que jamais, on peut avoir besoin d'elle sur deux plans :

- besoin accru de tendresse et de conseils bienveillants et en aucun cas, envahissants. Car si la naissance de son bébé peut révéler des blessures ou des souvenirs pénibles, depuis longtemps camouflés dans les sinuosités de l'inconscient, elles profitent de l'occasion pour se manifester à nouveau.
- besoin de reconnaissance de son statut de mère, par sa propre génitrice. La grossesse et la naissance représentent des phases initiatiques et pour beaucoup de femmes, il s'agit

d'accéder à une étape irréversible de maturité, à la fois, espérée et redoutée. Muter sous le regard de sa propre mère peut se concrétiser par un ancrage positif, consolidant pour toujours la confiance en soi, en ce qui concerne sa parentalité ou au contraire fragiliser un peu plus, un terrain psychologique déjà flageolant.

Sur ce point, tout dépendra du regard bienveillant de sa propre mère. Ce regard agit comme l'autorisation de prendre le relais de la parentalité et de pouvoir accéder à un nouvel état de responsabilisation.

Plus profondément, c'est l'acceptation pour la mère d'une femme qui vient d'accoucher, de bien vouloir tacitement laisser la place à sa fille, dans une complicité générationnelle.

Il faut beaucoup d'amour pour sa fille et une grande intelligence de cœur pour le vivre simplement, avec fluidité et légèreté, en sachant retenir ses conseils lorsque l'on ne les demande pas.

Mais tout ne se passe pas aussi facilement pour beaucoup de grands-mères, qui se montrent parfois envahissantes, inondant les filles ou belles-filles de remarques, de critiques ou d'injonctions contradictoires. C'est ainsi que des transferts incongrus peuvent fortement contrarier les nouveaux parents, lorsque les grands-parents essaient d'envahir le couple, en se croyant eux-mêmes investis d'un rôle parental. La déprime chez les parents s'insinue doucement, acceptation après acceptation des empiétements successifs.

Il est d'autant plus important, pour eux, de pouvoir en parler ensemble, ou avec un thérapeute, afin d'éviter l'accumulation de rancœur et d'incompréhensions délétères.

Parler dans le couple est une clef contre le burn out parental.

Parler vraiment de soi, de ce que l'on ressent, de ses besoins, de ses envies, de ses doutes, de ses peurs.

Parler de son ressenti permet d'éviter de stagner dans le reproche, toujours stérile.

Car les interactions névrotiques dans la famille élargie se réactivent à chaque naissance. La raison de cette réactivation est due une fois de plus à l'inconscient qui « profite » de l'arrivée d'un nouveau membre dans la famille pour ancrer et transmettre le relais de la névrose familiale déjà présente depuis plusieurs générations.

Terrible cynisme de la part de l'inconscient ? En apparence seulement. Il est toujours l'organisateur de tous les grands rendez-vous de notre vie. Omniprésent dans chacun de nos actes et de nos pensées (même quand il nous plonge dans les affres de la douleur, de la pathologie ou des symptômes névrotiques de tous ordres), il intervient pour deux objectifs précis et contradictoires, à première vue :

- Il nous oblige à perpétuer la chaîne de notre névrose familiale, via les enfants et ceci sans états d'âmes,

- Il nous secoue suffisamment pour nous contraindre à réfléchir à ces comportements névrotiques, précisément, dans le but de modifier la trajectoire de cette névrose.

L'objectif final pour lui étant de nous réorienter vers une réelle autonomie psychique, déconnectée de cette chaîne névrotique. Sa mission initiatique est en quelque sorte de nous faire passer par le chas d'une aiguille pour nous inciter à progresser. De très nombreux essais sont nécessaires, parfois une vie entière n'y suffit pas et les recalés sont nombreux.

L'inconscient va donc utiliser, par prédilection, les grands-parents et les frères et sœurs des nouveaux parents pour rejouer des conflits. Il suffira de quelques phrases, de quelques lieux communs « anodins », en apparence, pour blesser ou ajouter une couche de blessures, aux souvenirs de discordes, de jalousie, de comparaisons, d'indifférence, de carences affectives anciennes ou au contraire d'étouffement affectif trop envahissant.

Aline et Patrick ont attendu la quarantaine passée pour concevoir leur premier enfant.
Dès la naissance, la mère de Patrick a cherché à accaparer sa petite-fille. A grand renfort de conseils, de réflexions concernant les soins à apporter à l'enfant, elle se mit à envahir tout l'espace du couple, inondant sa belle-fille de remarques désobligeantes et dénigrantes.
Son fils, incapable de lui imposer des limites, suppliait sa femme du regard, de ne pas se fâcher, essayant de la convaincre que ce comportement dévorateur, dû selon lui aux premiers jours de la naissance, finirait rapidement par se calmer. Mais cet envahissement ne fit que s'accroitre. Elle pouvait arriver sans être invitée à tout moment, prétextant le désir de voir sa petite fille. Tous les motifs

étaient bons. Sans la moindre bienveillance, elle ne pouvait s'empêcher de sousestimer ouvertement les méthodes d'éducation d'Aline et Patrick.
La tension devint explosive entre eux et engendra, on s'en doute, un surcroît de nervosité chez l'enfant, qui pouvait pleurer des heures durant, sans raison apparente.

En cherchant à comprendre les fondements de son attitude, Patrick découvrit qu'il lui avait été impossible jusqu'à présent, d'imposer le respect dû à sa femme et à la tranquillité de son couple, simplement parce qu'il avait une raison inconsciente de préférer protéger sa mère.
En effet, cette femme avait, durant l'enfance de son fils, été victime d'une grosse dépression, dont il avait été le témoin involontaire pendant des années. Cette longue dépression avait brutalement muté en une excitation et un surinvestissement pour la naissance de sa petite fille. Elle retrouvait enfin, par miracle, une humeur positive. De plus, elle avait cessé de prendre les antidépresseurs auxquels elle était abonnée depuis plus de trente ans.
On peut imaginer le dilemme de son fils.

Comment demander clairement de la mesure et du respect à cette femme accablée par la dépression depuis si longtemps et qui, soudainement, retrouvait le sourire, transformée par cette naissance ?
Profitant de l'ambivalence de son fils, elle sortait des limites du supportable et prenait des mines effondrées,

quand il osait la reprendre ou insinuer un manque de bienveillance de sa part.
Le couple se retrouva rapidement dans l'impasse. Aline ne cachant plus son désarroi et sa déception, face à un mari qui semblait préférer protéger sa mère, plutôt que sa femme. Classique dilemme dans les couples.

Comment ne pas évoquer les petites phrases assassines des visiteurs membres de la famille, jouant les fées Carabosse, autour du berceau ? Les petites réflexions ou les comparaisons par enfants interposés sont autant de règlements de comptes, autour d'un nouveau-né.

Elles marquent très profondément et font le nid de tensions et de ressentiments à l'intérieur même du couple, au moment où il aurait particulièrement besoin de solidarité et de paix.

Les parents de l'enfant nouveau-né sont bien moins armés que d'habitude pour pouvoir contrer cette pollution névrotique. Je reçois souvent des parents tristes et épuisés nerveusement par un sabordage en règle, provenant de l'entourage familial.

Cette fatigue, à laquelle on ne pense pas, peut se surajouter à toutes les autres et provoquer, à elle seule, l'allumage de la mèche d'une véritable dynamite dans le couple, favorisant un épuisement psychique sournois et profond.

La déception d'une femme qui n'aura pas pu se sentir protégée des assauts insidieux de beaux-parents ou d'autres membres de la famille, après la naissance de son enfant, s'en souviendra longtemps. Extrêmement sensibilisée sur le plan émotionnel et nerveux au moment où elle a le plus besoin de protection de son conjoint, elle peut garder de ces épisodes, un sentiment de trahison.

A cette occasion, les désaccords et des reproches réitérés dans le couple, peuvent laisser des traces tenaces et déclencher un éloignement progressif.

4

Lorsque l'enfant grandit

Lorsque l'enfant grandit

Le marathon commence !

La reprise du travail pour la mère est souvent une période à haut risque, au niveau émotionnel et gestion de la fatigue.

Le congé de maternité beaucoup trop court en France (16 semaines en général. En Suède, 14 semaines de congés de maternité et plus de 60 semaines partageables avec le père !), oblige les femmes à retourner travailler alors qu'elles ne sont souvent pas encore prêtes à laisser leur enfant dans une structure de garde.

Ce n'est pas simple également pour le bébé, qui doit apprendre à se séparer de sa mère du jour au lendemain et à s'adapter à la vie en communauté (crèche) ou à un autre adulte inconnu jusqu'alors (nourrice).

Quelle mère n'a pas éprouvé un déchirement à se dépêcher de sevrer son enfant, encore allaité et de le laisser avec des inconnus, même s'il s'agit de bons professionnels ?

Le déchirement provient de cette rupture dans la symbiose mère-bébé. Cet attachement massif est totalement normal et indispensable à la construction d'un édifice mental sécurisant pour l'enfant, C'est d'autant perturbant pour une femme, qui précisément à ce moment de sa maternité commence à se sentir plus à l'aise dans son lien avec son bébé. C'est à ce stade qu'elle entre dans une phase de réel plaisir et d'épanouissement, qui coïncide malheureusement aussi avec l'obligation de s'en séparer pour reprendre le travail.

Pourtant, cette période délicieuse éprouvée pour le couple parental avant la reprise du travail de la mère, est due au plaisir :

- de bien comprendre les messages de son enfant,
- de bien communiquer avec lui,
- d'être enfin moins fatigués,
- de retrouver un sommeil à peu près régulier,
- pour la mère, d'avoir du temps pour accomplir les tâches nécessaires, mais aussi toutes celles qui peuvent lui procurer du bien, sans courir, sans avoir l'impression de tout réaliser à l'arraché,
- de pouvoir s'occuper plus paisiblement des autres enfants,
- d'avoir la sensation de mieux contrôler la course du temps et d'être plus détendus.

Bien sûr, l'esprit rationaliste de nos sociétés ne trouverait rien à redire dans cette reprise du travail trop prématurée, arguant du bénéfice pour les enfants de pouvoir s'insérer le plus vite possible dans des structures socialisantes.

Il ne me semble pas bénéfique de plonger plus tôt qu'il n'est nécessaire dans la rudesse de la vie et d'obliger les adultes et les enfants à entrer, trop tôt, dans un manège qui va trop vite.

Nous sommes dans un mécanisme sociétal qui considère ses humains comme le carburant d'une énorme machine, monstre tentaculaire, qui se nourrit d'abord de leur énergie vitale (le travail), puis les achève en les conditionnant à consommer, par tous les moyens, jusqu'à épuisement.

Et la course recommence, vite et fort.

De 6 heures du matin à 22 heures, la plupart des parents courent. Les enfants aussi.

Et il faut sortir un bébé de la chaleur de son lit au moment où il dort encore profondément, réveiller les autres enfants, les habiller, préparer un petit déjeuner à l'heure où l'on n'a pas encore faim, nourrir, habiller un bébé qui pleure car il ne veut qu'une chose, dormir tranquillement.

Pour peu que l'on ait à gérer d'autres aînés, fatigués ou peu enclins à sortir du nid, pour aller à l'école, chez la nourrice ou à la crèche, il faut bien aller chercher au fond de soi des trésors de patience et d'énergie pour parlementer, finir d'habiller sur le palier, dans l'ascenseur, tout en maintenant le moral des troupes pour démarrer la journée.

Quand enfin tout ce petit monde est casé dans ses attributions, la course reprend dans les transports en commun, bondés, ou dans les encombrements du matin.

Pourtant, même ce temps aussi peu sympathique semble-t-il, peut être vécu comme un sas d'isolement salutaire faisant tampon entre le rôle de parents pris dans une course effrénée et celui de professionnels qui doivent commencer leur journée dans leur entreprise.

Je n'insisterai pas sur l'énergie dépensée dans son emploi et dans la gestion des relations avec les collègues, supérieurs et clients tout au long de la journée. Car là aussi, la pression continue de s'exercer. Il est demandé de plus en plus de travail aux employés et la vie en entreprise est devenue si tendue, qu'aucun effort ne semble jamais suffisant. Un mot règne en maître : performances.

Performances au travail, performances dans les rentabilités, temps de présence supplémentaire exigé clairement ou tacitement. Malheur à celui ou celle qui ne s'y tient pas, il est immédiatement repéré et sanctionné lors d'évaluations aussi infantilisantes que culpabilisantes. La sanction sur le salaire suivra, mais c'est la peur de perdre son emploi qui génère le plus de stress.

Chaque famille essaie de vivre avec un minimum de confort, et bien souvent les endettements pour l'achat d'un logement, d'une voiture ou d'autres biens de consommation, constituent autant de chaînes supplémentaires qui seront à la source d'une aliénation très puissante.

Cette tension, le couple la ressent dès le matin et bien avant d'arriver au travail. Il suffit qu'un enfant ne soit pas décidé à s'habiller docilement, pour que cette résistance se surajoute à la peur d'arriver en retard et de subir les réflexions d'un supérieur.

Même les parents les plus magnanimes, ne peuvent qu'emmagasiner inconsciemment une bonne dose de stress de bon matin.

Mais que se passe-t-il sous l'angle de l'enfant rétif à démarrer la journée ?

Le besoin essentiel d'un jeune enfant est précisément d'avoir du temps avec ses parents.

Pouvoir vivre doucement, lentement, calmement est le seul désir véritable d'un petit.

Pourtant, du matin au soir, il ne peut qu'observer avec impuissance ses parents pris dans un rythme paniquant, ne se posant jamais, énervés, sans patience, la tendresse calibrée et délivrée à la portion congrue par manque de temps, le tout noyé dans une excitation qu'il ne comprend pas.

On le force à déjeuner à table alors qu'il n'a pas encore faim. En revanche, il aurait faim de tendresse et de temps dans les bras de sa mère ou de son père, de leur chaleur, de la douceur de leur voix, de sentir qu'on a le temps, mais on le presse, on le gronde parce qu'il ne déjeune pas assez vite.

On le force à s'habiller, mais il ne comprend pourquoi. Ses parents ont beau lui dire que l'on ne peut pas sortir en pyjama, son problème est justement et précisément qu'il ne voit pas l'intérêt de sortir de son nid.

Cela vous semble être une lapalissade, mais votre enfant, lui, ne sait pas pourquoi il faut sortir de la maison chaque matin. Pour lui, cela n'a aucun sens, pourtant les enfants sont prêts à adhérer à beaucoup de choses à condition qu'ils en sentent la logique. Leur besoin de cohérence est très élevé. Ils peuvent comprendre énormément de concepts dès l'âge de 2 ou 3 ans, mais pour cela, ils ont besoin d'explications claires et simples.

La plupart des parents pris dans le tourbillon de l'agitation matinale n'ont pas la force ni le temps de leur expliquer la raison de cette séparation, ni de les rassurer en anticipant le plaisir de se retrouver le soir, ce qui génère inévitablement des discussions, des incompréhensions, des cris et manifestations de mauvaise humeur.

Le début de journée commence mal et le stress des parents continue de grandir au moment de laisser l'enfant à l'école ou chez la nourrice. Il n'est pas rare qu'ils soient obligés d'arracher leur enfant de leurs bras pour les confier à un autre adulte, avant de partir culpabilisés et le cœur lourd.

Les responsables des crèches, des petites sections et du primaire, alertent de plus en plus, sur l'état d'épuisement des enfants qui leur sont confiés chaque matin. Du lundi au vendredi, les petits sont obligés de suivre le rythme effréné des parents de 6 h à 19 h, soit près de 65 heures sans leurs parents et en dehors de chez eux.

C'est d'ailleurs bien souvent la nourrice ou le personnel des crèches qui assistent aux premiers pas et aux premiers mots des plus jeunes. Nous recevons de plus en plus d'enfants blafards. Leur teint terreux et leurs yeux mornes de fatigue montrent l'épuisement lié au rythme fou imposé du matin au soir.

Leurs pleurs avant de quitter la maison et leur mauvaise volonté à se préparer sont liés à cette extrême fatigue et au désespoir de ne pas entrevoir de possibilité d'amélioration pour l'avenir. Ils sentent bien dans la lassitude, même cachée dans des attitudes faussement enjouées de leurs parents, qu'il en sera toujours ainsi, parce qu'ils n'imaginent pas au-delà de cette frénésie d'autres plans pour une vie meilleure et plus douce.

Antidote au stress du matin

Si vous avez la sensation de bon matin de porter des semelles de plomb, sachez qu'il en est de même pour votre conjoint(e) mais aussi pour vos enfants.

Aucune énergie ne peut être fournie avec entrain et créativité, lorsqu'il semble ne pas exister de sens à sa vie.

Tout comme vous, les enfants, même très jeunes, ont besoin de sens. Commencer la journée, dans un tourbillon d'agitations et de tension, avec en prime, l'assurance de se retrouver coupé des êtres qui comptent le plus, ne peut que déclencher des micro-déprimes, quotidiennement répétées, jusqu'à entraîner une lassitude globale, sur l'écran de laquelle se reflètent les mauvaises humeurs des petits et grands.

Pourquoi ne pas commercer la journée en passant un moment tous ensemble, pour se réveiller tout en douceur, dans leur chambre ou dans la vôtre.

Ce rapprochement est un véritable antidépresseur naturel permettant de s'éveiller avec plus de joie et d'enthousiasme à cette nouvelle journée. Oubliez les règles de conduite que vous vous étiez édictées : « Pas d'enfants dans la chambre des parents ».

Vous êtes seuls juges de ce qui est bon pour votre petite tribu. Aucune tutelle supérieure (l'éducation reçue, l'œil scrutateur de vos parents, les règles d'éducation éditées par la société) ne doit vous contraindre. Faites ce qui vous semble être le plus doux pour vous, le plus adapté. Composez du « sur mesure » avec votre bon sens et votre intuition du goût du bonheur. Cessez d'analyser à tout bout de champ et faites juste fonctionner votre cœur.

Le biberon peut être donné dans le lit, mais pourquoi pas également un bol de céréales pour des enfants plus grands (uniquement pour le petit déjeuner, les autres repas seront pris à table). Sachez qu'ils n'en deviendront pas pour autant des gamins incapables de se tenir à table plus tard.

Le matin, tout le monde a besoin de ménagements, de démarrage en douceur.

Si vous êtes en couple, l'un des deux parents peut se dévouer pour apporter un plateau de petit déjeuner au lit, afin que ce réveil puisse s'animer en semant des traces de bien-être et d'optimisme pour toute la journée, dans la mémoire des adultes et des enfants.

Comme ce bon moment doit de toute manière prendre fin, il vous suffit d'expliquer doucement aux enfants, que l'on prend le temps de se câliner encore cinq minutes avant de se préparer, ce qui aura pour effet inconscient de vous y préparer également mentalement. Même un très jeune bébé aura besoin d'entendre le ton calme et paisible de sa mère ou de son père lui expliquant, que l'on va maintenant se lever, s'habiller **tranquillement** et se préparer pour cette nouvelle journée. Parlez avec un paisible optimisme (les deux notions, loin d'être antithétiques, peuvent très bien s'associer) et non pas sur un ton faussement joyeux, surfait et hystérique. Le manque d'authenticité n'échappera à personne, même aux plus petits. Parlez-leur du bénéfice que cette journée va apporter, apprenez-leur à anticiper le plaisir des gens à rencontrer, des activités prévues ou imprévues que vous allez vivre tout comme eux.

Anticipez la joie que vous aurez à vous retrouver le soir venu et du temps que vous allez partager.

Les enfants sont très sensibles à la projection des futurs moments heureux.

Par tous ces encouragements et ces projections positives, ils retrouveront, et vous aussi, un enthousiasme naturellement porté par chaque humain au plus profond de lui.

Enseignez-leur très tôt, que chaque jour est un cadeau, d'abord pour vous, cadeau d'avoir eu la joie d'ouvrir les yeux et de voir le jour, de sentir les bras des êtres que vous aimez, de sentir leur amour. Les enfants observent avec attention vos attitudes et réactions, vous voir heureux, paisibles, positifs, constitue une source de vitamines mentales vitales pour eux. Ils calquent leurs fonctionnements sur vos attitudes face à la vie. Si vous arrivez à voir le côté positif de votre existence, alors apaisés, ils adopteront inconsciemment votre conduite et commenceront leur journée plus facilement.

Encore une fois, n'hésitez pas à parler de cette projection positive même à un tout jeune bébé. En vous exprimant ainsi, inconsciemment vous vous projetez vous-même dans un futur encourageant, quelles que soient les expériences que vous allez vivre aujourd'hui. Le ton que vous utilisez vous apaisera et l'enfant va sentir dans la tranquillité de votre voix, de votre respiration et des ondes qui émanent de vous, qu'il peut vous croire. Vous êtes son régulateur d'humeur et par projection, il sera le vôtre.

Ne cessez pas, tout en l'habillant et en le préparant, de lui donner des gestes d'affection, de lui sourire, sans pour autant l'assommer de paroles. Le plus important est de garder le contact paisiblement et positivement, car c'est en vous observant ainsi, qu'il saisira la cohérence de vos paroles et de la réalité du sens que vous donnez à la vie.

Par exemple, vous ne pouvez pas lui dire « tout va bien », si vous êtes profondément stressé(e).

Un enfant sent instantanément l'incohérence des dires de ses adultes. Si un problème vous occupe l'esprit, expliquez-lui que vous avez quelques soucis, mais aussi que vous allez trouver la solution. Cette vision optimiste trouvant un écho dans l'élan naturel de vie qu'ils portent en eux, est intimement recherchée par tous les enfants. Par-dessus tout, leur instinct les pousse à vivre et ils sont assoiffés d'optimisme.

Inutile de préciser que cette vision de la vie n'est pas réservée aux plus nantis sur cette terre.

Un peu d'organisation pour se faciliter la vie

Pour éviter le stress inutile du matin, un peu d'organisation est nécessaire.

- Préparer d'avance les vêtements pour le lendemain matin,
- Préparer la veille le sac qui accompagnera l'enfant chez la nourrice ou à la crèche, ainsi que les cartables, vestes, manteaux, poser le tout près de la porte,
- Le petit déjeuner peut être déjà pré-dressé sur la table dès la veille au soir, afin d'éviter de la fatigue inutile et du stress le matin, s'il n'a pas déjà été pris au lit.

Si un enfant de 2, 3 ou 4 ans, bloque sur le choix des vêtements choisis par ses parents le matin. Inutile de déclencher un psychodrame. Demandez-lui de choisir sa tenue, la veille. Il ne serait pas judicieux de lui faire croire que vous vous désintéressez du sujet pour autant. Votre opinion compte pour lui, mais il a besoin de se confronter à la confiance que vous avez dans ses choix.

Prenez-le dans vos bras pendant qu'il choisit ses vêtements. Ce contact physique est un bonus de tendresse, qui ancrera très positivement dans son esprit, le plaisir de se préparer avec soin pour se présenter aux autres.

N'hésitez pas à le féliciter sur le choix des vêtements, même si la sélection des couleurs vous semble détonnante. Cela ne vous empêche pas de suggérer délicatement d'autres alternatives.

Mais rien n'est ridicule sur un enfant, aucune forme, aucune couleur. Une association de teintes qui vous semble farfelue vaut bien l'économie d'une énorme colère le matin.

Et ne pensez pas que vous renonciez à votre sacro-sainte autorité parentale, la véritable autorité ne se situe pas là.

Avant de franchir le seuil de la porte, si l'on prend le temps de les serrer dans les bras, individuellement et si possible, tous ensemble, ce geste simple et hautement apaisant, donne tous les courages d'affronter le monde extérieur, beaucoup plus positivement et joyeusement. Cela peut sembler une évidence, pourtant, ce geste élémentaire est souvent négligé, chacun s'envolant vers ses activités, sans un vrai regard, sans un mot d'amour rassurant et encourageant.

L'idée de votre travail est une notion virtuelle pour vos plus jeunes enfants (parfois, même pour les plus grands !). Ils ne comprennent pas pourquoi vous quittez la maison le matin en les entraînant dans votre sillage d'activité et de stress.

Vous avez beau leur dire que vous allez travailler, c'est une notion théorique pour des petits, ils n'en voient pas l'utilité et ne comprennent pas à quoi cela sert. Ne rien leur expliquer contribue à leur donner une très mauvaise image de la notion de « travail » puisque pour eux, il est le grand responsable de la séparation quotidienne de la famille.

Ce qui est logique pour vous ne l'est pas pour de jeunes enfants ne comprenant pas que vous préfériez générer toute cette agitation du matin, plutôt de rester avec eux tranquillement ! Tant qu'ils ne saisissent pas ce que vous allez faire en les laissant, ils ne peuvent qu'être inquiets et le manifester à leur manière, en résistant pour déjeuner, s'habiller de mauvaise humeur, pleurer, avoir mal au ventre ou déclencher des troubles psychosomatiques juste avant de partir.

Dès qu'un enfant a 2 ou 3 ans, vous gagnerez beaucoup à lui montrer votre lieu de travail. Si c'est possible, présentez-le à vos collègues, montrez-lui votre poste de travail ou votre bureau. Indiquez-lui, au moins, votre entreprise, de l'extérieur en lui expliquant avec des mots simples, votre activité. Il lui sera plus facile par la suite, de se représenter mentalement ce que vous faites, lorsqu'il ne vous voit pas.

L'éloignement de la maison est souvent mal vécu par un tout petit. Vous pouvez l'aider à comprendre qu'il ne s'éloigne pas dramatiquement de son nid. Pour lui permettre de relativiser l'éloignement, montrez-lui des détails, sur le chemin qui le mène à la crèche, chez la nourrice ou à l'école : boulangerie sur le trajet, enseigne amusante d'un magasin, couleur d'un immeuble, etc.

Ces détails qu'il mémorisera en les répétant chaque matin le rassureront en lui permettant d'apprivoiser les distances et lui serviront d'images ressources lorsqu'il aura besoin de se souvenir que son nid n'est pas si loin et qu'il n'est pas perdu dans la nature.

Le matin avant de partir, il suffira, si vous le sentez un plus sensible, de lui remémorer ces informations, de lui dire que de votre bureau ou votre entreprise, vous allez penser très fort à lui et le protéger par votre pensée (la pensée magique est très importante pour rassurer les jeunes enfants). Il en sera apaisé, si votre ton est tranquille et réellement convaincu.

Les enfants épuisés

Comme nous l'avons déjà évoqué, les enfants surmenés et épuisés sont de plus en plus nombreux.

Ils sont non seulement, obligés de suivre le rythme très soutenu de leurs parents, mais également, après des journées harassantes, il leur faut participer à des « activités » sportives, artistiques, à des cours supplémentaires, qui ne leur laissent que très peu de temps pour souffler.

De nombreux parents ont la conviction d'avoir mis au monde des génies qu'il faut absolument sur-stimuler pour développer leurs extraordinaires compétences. Le résultat donne souvent des enfants trop oppressés, déprimés, blasés, sans envies. Pour désirer participer à une activité, il faut avoir eu le temps d'en élaborer le désir, une attente, un espoir ou un rêve. Mais lorsque l'angoisse des parents à occuper les moindres espaces dans le planning de leurs bambins les obligent à passer d'une activité à une autre, le seul désir qui leur ferait vraiment plaisir, serait de ne plus bouger et de rester en paix !

Une des grandes dérives de ces dernières années, se situe dans la manie de considérer que tous les enfants actuels sont des surdoués en puissance, dès qu'ils montrent le moindre éveil (apprentissage de la parole aisé, vivacité de répartie, aisance à se mouvoir), ils sont instantanément estampillés « précoces ». Il est incontestable que porter une bonne attention et de l'amour à son enfant le rendra pétillant et vif d'esprit. Ce n'est pas une raison pour le bombarder d'activités et décider pour lui qu'il devra jouer du violon ou du piano trois heures par semaine, pratiquer de la danse classique à 4 ans ou s'atteler à trois heures d'entraînement hebdomadaire de piscine dès 5 ans.

L'ennui et le temps de rêver sont des biens nobles de l'esprit, hautement bénéfiques à la créativité. Ils contribuent aussi sûrement à la construction mentale, que la lecture d'un bon livre, un cours de musique ou une séance de sport.

Leur esprit a besoin de temps, et même d'une espèce de vacuité indispensable pour métaboliser les informations, qu'ils absorbent du matin au soir. L'ennui est une source merveilleuse de fertilité mentale et d'appropriation de son soi profond.

« S'ennuyer » est un délice devenu rare, car l'angoisse collective face au vide, a imposé la dictature du remplissage sur tous les plans.

Il n'est pas souhaitable de combler méthodiquement chaque minute libre de leur emploi du temps, car pour les enfants aussi, l'overdose mentale guette et se retournera vers les parents tel un boomerang.

En plus de l'épuisement que tous les professionnels de la petite enfance observent chaque jour, la manifestation de cette pression se constate au sein de la famille ou à l'école, par une grande agitation, une incapacité à se concentrer, le repli sur soi et souvent beaucoup d'agressivité.

De très jeunes enfants nous sont adressés par les médecins et pédiatres, pour identifier les causes d'une profonde tristesse, injustifiée en apparence, aux dires des parents.

Lorsque nous demandons à ces enfants ce qui les rend si tristes, ils répondent souvent qu'ils sont fatigués et qu'ils ne comprennent pas à quoi tout CELA peut bien servir.

Depuis quelques années, je suis frappée de voir la tristesse et le questionnement existentiel formulés en consultation par les enfants, même très jeunes. Ce « tout cela » exprimé, montre combien il est nécessaire de donner du sens à la vie et ceci à tous les âges. Tout naturellement, c'est vers leurs parents que les enfants se tournent pour essayer d'obtenir des réponses en observant leurs comportements.

Comment ne pas prendre vraiment au sérieux un enfant qui répète fréquemment qu'il a mal au ventre, à la tête, qu'il n'a pas envie d'aller à l'école ? C'est au minimum un signe de fatigue et d'anxiété. Ces symptômes sont le reflet d'une situation inquiétante ou perturbante dans la famille, mais aussi au sein même des écoles où bien souvent l'agressivité règne à chaque instant, laissant les enfants les plus fragiles terrifiés à l'idée de passer une journée dans ce qu'ils perçoivent comme une arène.

Le nombre d'enfants dépressifs augmente chaque année de façon inquiétante dans nos consultations, ainsi que celui des tentatives de suicides de jeunes enfants (prises de médicaments, gestes impulsifs : traverser en voyant arriver une voiture, sauter par la fenêtre, auto-mutilations...).

La dépression des enfants est plus difficile à diagnostiquer que celle des pré-adolescents, des adolescents et des adultes, car elle fonctionne par paliers successifs, ce qui peut l'aider à passer inaperçue ou tout au moins à être minimisée par l'entourage.

Contrairement à celle de l'adulte, elle se manifeste parfois par une excitation, une hyperactivité qui, si elle est mal diagnostiquée passe par exemple, pour une réponse à de l'ennui en classe, à de la jalousie pour un frère ou une sœur, alors que le problème est plus profond.

Je me souviens d'une petite patiente de 6 ans qui m'avait été adressée car elle menaçait régulièrement ses parents de sauter par la fenêtre. Le couple parental battait de l'aile depuis longtemps. Le père avait tendance à abuser d'alcool. Il disparaissait des semaines entières et rentrait dans des états d'ébriété avancée.

Tout le monde dans l'entourage de la famille faisait mine d'ignorer le problème.

Désespérée d'assister à la décrépitude de son père (à qui elle ressemblait beaucoup) sous l'indifférence apparente générale de la mère et de tout le reste de la famille, l'enfant était devenue le symptôme de son père.

Pour cela, elle avait incorporé la dépression de son parent et le malaise grave de l'enfant était le signe extérieur du mal-être du père.

Cette histoire tragique montre combien les êtres sont interconnectés psychiquement dans une famille. Le stress et la dépression des uns ne passent jamais inaperçus chez les autres, adultes ou enfants et se manifestent toujours par un comportement excessif ou à l'inverse, atone, épuisé et quoi qu'il en soit, symptomatique.

C'est pourquoi, avant d'en arriver là et lorsque la vie psychique des adultes n'est pas trop entamée, même lorsque l'existence quotidienne est compliquée et demande une forme incontournable d'agitation, de courses et de stress, il est fondamental d'aménager chaque jour un ou deux moments de douceur et de paix avec les enfants. Ces temps tranquilles permettent à chacun de reprendre son souffle et de profiter réellement des autres membres de la famille, tout en allégeant l'ambiance générale par une vision optimiste pour l'avenir.

Pourquoi ne pas instaurer la grève de la télévision, ordinateurs, smartphones et tablettes deux soirs par semaine (pour tous y compris les parents) et dîner tranquillement en écoutant de la musique ?

Pourquoi ne pas s'organiser un bon moment de détente chaque vendredi soir, pour fêter la fin de semaine de travail et d'école, en organisant un petit apéritif-dînette en famille (apéritif sans alcool, mais avec jus de fruits et de légumes, histoire d'apprendre très vite aux enfants, que l'on n'a pas besoin d'alcool pour se détendre) ?

Confiez aux enfants le soin de décorer la table avec vous. Même les tout-petits seront ravis et joyeux de ce bon moment qui sonne comme une récompense. Voir leurs parents détendus, tranquilles, prendre leur temps, constitue bel et bien une gratification récompensant tous les efforts fournis pendant la semaine. Pendant ce bon moment, on ne parle de rien qui fâche, d'aucun conflit larvé entre les parents (ce n'est ni le lieu, ni le moment) et encore moins de règlements de comptes avec les enfants. Mais au contraire, l'ambiance sera douce, joyeuse et pacifique. Les discussions sur les résultats scolaires ne sont pas de mise non plus, pendant ce moment privilégié, mais on peut s'autoriser à parler d'avenir, toujours positivement.

Aucun résultat médiocre à un contrôle ne doit gâcher l'instant. Encore une fois, il y a mille manières de réussir sa vie et les résultats scolaires flamboyants ne sont pas forcément le seul moyen d'y arriver.

La finalité de ces bons moments est, justement, de rendre possible dans l'esprit des parents et des enfants, la germination de la notion du bonheur. Il se construit justement à travers ces petites bulles paisibles, où les uns et les autres sont pacifiés et ont vraiment conscience d'appartenir à un groupe dont les membres s'aiment et se protègent vraiment.

Chaque famille peut inventer ses propres rituels :
- une séance de cinéma, chaque fin de semaine,
- une soirée, un cours de cuisine ou de pâtisserie,

- une séance familiale à la piscine le vendredi ou le samedi soir,
- une grande promenade dans la nature...

Dans le même ordre d'idées, il est inutile de vouloir préparer des repas très compliqués le soir avec des jeunes enfants. En effet, ils ont vécu une journée si bruyante et fatigante, qu'il leur est difficile de patienter sagement après 19 heures pour dîner avec les parents.

Selon le mode de garde, il sera plus avantageux, en termes d'économie de stress, de demander à une nounou de prendre en charge leur dîner ou si l'on rentre assez tôt, de ne pas tarder, pour leur donner le repas du soir. Il n'y a aucun intérêt à laisser attendre les jeunes enfants, en faisant monter la pression dans l'agacement général, dans le but sacro-saint de partager un repas familial le soir, pendant lequel tout le monde va s'énerver en ne souhaitant qu'une chose : en finir le plus vite et quitter cette table !

Les jeunes enfants montrent une grande intolérance à la sensation de faim et inconsciemment manifestent leur fatigue et leur frustration en s'agaçant les uns et les autres. Le soir, il est fondamental de diminuer la tension pour s'apaiser avant la nuit, ce n'est donc pas le moment de générer du stress, des cris et de l'agitation.

Désacralisez le repas du soir, en faisant dîner rapidement les plus jeunes. Après leur repas, plus détendus et déjà en vêtements de nuit, ils peuvent jouer gentiment, calmement, dessiner ou regarder un livre près de vous (non pas à table, puisqu'ils ont déjà dîné). Dans de nombreuses familles, les parents laissent s'instaurer de véritables pugilats à table. Partager un repas ensemble, en présence des parents doit redevenir un privilège accordé, justement pour que l'on puisse communiquer dans le calme et dans les respects des uns et des autres.

Au moment du dessert, parents et enfants peuvent partager ce temps pour dialoguer paisiblement.

Aller se coucher pour les enfants devient alors beaucoup plus simple, puisqu'ils ont reçu une dose d'amour et de tendresse, indispensable à leur équilibre. Il est impossible d'en faire l'économie. La moindre carence dans ce domaine est souvent à l'origine des tensions du soir.

Et si l'on en finissait avec cette fichue histoire du soir ?

Depuis les années 80, les enfants se sont habitués à accepter d'aller au lit chaque soir, avec l'exigence de la lecture d'une histoire par l'un ou l'autre des parents. Cette habitude qui n'existait pas pour les générations précédentes, bien évidemment, peut représenter un moment privilégié avec l'enfant et la plupart des adultes s'y prêtent volontiers... Au moins, pendant quelques mois.

Mais quel parent pourrait affirmer qu'il n'appréhende pas le moment, où son gamin va lui demander « Tu me lis une histoire ! » ?

Au final, une histoire se transforme rapidement en deux, puis trois avec, à la clef, des petits toujours agités et absolument pas décidés à s'endormir paisiblement. En général, le conteur, revient tout penaud au salon, avec un petit lutin sur les talons, braillant haut et fort : « J'ai pipi, j'ai soif, j'ai peur, le rideau bouge tout seul, j'ai entendu un bruit, je ne peux pas dormir ».

Il faudra aller puiser dans les miettes du reste de son énergie, pour reprendre le lutin par la main, le raccompagner dans son lit et s'entendre dire : « Encore une histoire, avant de dormir ! ».

Pendant ce temps, l'horloge continue sa course et le conteur trépignant près du lit de l'enfant raconte une énième histoire au pas de course. L'autre parent a terminé son repas seul et enfin, quand ils se retrouvent, tous deux, épuisés, c'est pour aller se coucher ou s'effondrer exténués devant la télé.

Alors pourquoi ne pas révolutionner le rituel de cette fichue histoire du soir et la remplacer par un câlin, des paroles tendres échangées avant d'embrasser l'enfant et de le laisser lire lui-même un de ses livres préférés, avant de s'endormir ?

Le temps gagné sur l'histoire du soir peut être remplacé par un bon moment en début de soirée où l'on se détend ensemble quand tout le monde est rentré. Un temps où il n'est question ni des contraintes, ni de l'école, juste une parenthèse où l'on peut jouer ensemble, rire, chahuter gentiment, se câliner tranquillement.

Etre vraiment ensemble.

Le couple y gagnera chaque soir une heure pendant laquelle, il sera possible d'avoir des conversations d'adultes et un espace pour partager une vie de couple avant l'extinction des feux.

5

Le burn out des parents

Épuisement des parents lié aux enfants difficiles

Lorsque Gilles et Sylvie reçoivent, leurs amis sont prévenus dès le seuil que la nounou n'a pas pu rester pour s'occuper « du petit monstre ». On les informe également qu'il se manifestera inévitablement au cours de la soirée. Les sourires gênés des parents laissent à penser qu'ils subissent l'oppression d'un dragon en puissance.

Mais en fait de dragon, dès le début de la soirée, les invités voient débouler dans le salon un joli bambin de 3 ans, Adam, en pleine santé (c'est le moins que l'on puisse dire), qui d'emblée commence à minauder pour dire bonjour, puis finalement parvient à capter toute l'attention de ses parents embarrassés, les sollicitant à chaque instant en leur coupant la parole.

Le reste de la soirée sera à l'avenant. Les quelques invités réunis n'auront pas loisir de pouvoir parler entre adultes, mais garderont le regard vissé sur le numéro de cirque qu'Adam leur impose, sous les œillades effondrées des parents incapables de l'endiguer. Il passera son temps à sauter sur le canapé, à renverser les verres sur la table, à se bâfrer de gâteaux d'apéritif et à chanter en hurlant. Lorsque Gilles se décide enfin à intervenir en emportant de force dans sa chambre le diablotin vociférant, il ne réapparaît qu'une demi-heure plus tard, excédé, impuissant.... avec toujours le « petit monstre » sur les talons !

Les enfants difficiles, ayant un comportement social impossible, sont devenus extrêmement nombreux, que ce soit dans les restaurants, les transports en commun, les avions, dans les réunions d'amis et bien sûr à l'école. Dépités, les témoins de ces scènes, assistent impuissants aux déambulations des gamins, aux séances de trampolines sur les sièges et à leurs cris dès qu'il leur est demandé de s'asseoir.

Les parents, paralysés face à leur progéniture ingérable, présentent deux attitudes en public :

- ils se montrent offusqués face aux critiques des autres adultes dérangés par l'attitude des enfants. Ils peuvent même témoigner une espèce de solidarité avec eux, une sorte de fierté inadéquate, comme si leurs enfants étaient inconsciemment chargés de sortir du cadre socialement acceptable, alors qu'eux-mêmes, ne s'y autorisent pas.

Cette alliance et cette acceptation malsaine les laissent imaginer qu'ils ont signé un pacte sacré et pervers avec leurs parents. En leur donnant ce pouvoir, les adultes ne savent pas qu'ils signent en même temps, pour des années d'enfer quotidien.

- A l'opposé, Ils peuvent afficher une reconnaissance face à l'intervention d'une autre personne, capable de mettre une limite à leur diablotin, alors qu'eux-mêmes en sont dans l'incapacité. En général, lorsque cela arrive, l'enfant hurlant quelques instants avant, se calme instantanément, éberlué qu'un adulte soit capable de le cadrer.

Avoir un enfant poli, calme et agréable dans la relation aux autres, devient presque une étrangeté, une particularité étonnante, digne d'être montrée en exergue.

La tension liée aux enfants pénibles est devenue si fréquente qu'elle semble être dorénavant la norme, dans bon nombre de familles. Si cette description ressemble à votre quotidien, il est temps de faire un état des lieux sérieux. Pourtant, souvenez-vous de vos rêves, bien avant leur arrivée. Pensiez-vous que vous alliez quelques années après, pleurer chaque soir d'énervement et d'impuissance, face à des marmots ingérables ? Vous imaginiez-vous partir travailler chaque matin, déprimé(e) et attristé(e) de leurs scènes d'hystérie ?

De très nombreux parents viennent consulter, dépassés par leurs enfants souvent âgés d'à peine 2 ans.

Hélène pleure dans mon bureau, avouant qu'elle n'en peut plus de ses deux fils (3 et 6 ans) au point de se demander si elle les aime encore. Sa vie est un enfer permanent dès qu'ils ouvrent les yeux et ceci jusqu'au soir où elle arrive enfin à les coucher, éreintée, après des heures de négociations et de cris.

Son mari, quant à lui, n'ose plus rentrer avant 22 heures. Dépressif, il ne comprend pas comment il en est arrivé à fuir sa famille, laissant sa femme seule au milieu de ce champ de mines.

Pourtant, Hélène avait beaucoup insisté pour avoir un premier enfant. Julien, son mari, ne montrait a priori aucun désir de paternité. Trop pris par un nouveau poste à hautes responsabilités, nécessitant de nombreux voyages à l'étranger, il avait pourtant fini par accepter l'idée de cette naissance, comptant inconsciemment sur le fait que ce fils allait occuper Hélène et la distraire de ses absences professionnelles répétées. Mauvais calcul…

Cet « arrangement » inconscient allait moralement lui coûter cher. Car Hélène trop souvent seule avec son bébé, noua avec lui très vite, une relation symbiotique, l'allaitant jusqu'à l'âge de deux ans. Sans s'en rendre compte, elle avait reformé un couple avec lui, en écartant d'emblée son conjoint qui ne lutta pas assez pour reprendre sa place.

Impossible pour lui d'instaurer un cadre à l'enfant, en étant sans cesse décrédibilisé par sa femme qui n'hésitait pas à le reprendre à la moindre tentative d'éducation. Cette grave erreur de fonctionnement ne fit que s'intensifier avec la naissance du second enfant.

Mais la situation devint bien plus insupportable, lorsque l'aîné comprit qu'il devrait désormais compter avec l'inévitable intrusion de ce cadet pour perturber le rapport exclusif qu'il entretenait avec sa mère.

Son fonctionnement œdipien excessif, ne trouvant aucune limite, lui donnait à croire qu'il était vraiment le conjoint de sa mère. Il arrivait à chasser son père du lit conjugal, qui épuisé et dépassé, n'avait plus la force de réagir. Aucune nuit ne leur avait été épargnée depuis la naissance de l'ainé. Ils avaient depuis longtemps fait une croix sur leur vie sexuelle.
Les nuits se déroulaient toujours selon le même scénario : les deux garçons finissaient par s'endormir vers 23 heures, dans le lit de leurs parents, se réveillant et hurlant, dès qu'ils essayaient de les transférer dans leur chambre.
Julien avait résolu le problème, c'est lui qui dormait maintenant sur un lit d'appoint dans un bureau.

Dans ces deux situations, le problème fondamental est l'absence de cadre précis et nettement énoncé aux enfants. Les parents qui pensent montrer leur amour en laissant toutes les libertés à leurs nombreuses pulsions et caprices, espérant avoir momentanément la paix, font un très mauvais calcul.

Laura, 32 ans, est obligée de prendre un anxiolytique, avant d'aller chercher sa fille de 5 ans, à l'école. Elle anticipe les caprices, les hurlements dans la rue au milieu des autres parents interloqués, le regard, un brin accusateur (« Cette femme est un bourreau d'enfants » ou bien « Elle n'a aucune autorité »).

Le plaisir de retrouver sa fille n'existe plus depuis longtemps. Elle se demande comment elle a pu en arriver là et comment l'enfant a pu s'imaginer qu'elle avait un tel pouvoir, pour générer conflits et désordres dans sa famille ?

La problématique du burn out parental est, de toutes évidences, multifactorielle. Les réactions symptomatiques des adultes suivent un tableau clinique qui nous permet de diagnostiquer cette souffrance. Pourtant, seule une analyse fine de la situation, depuis le début de la conception de l'enfant, mais également l'exploration du contexte psychologique passé et présent de la famille, ainsi que la dynamique du couple, permettent de déterminer les causes réelles de ce « bug » éducatif.

Dans le cas de Laura, comme dans de nombreuses familles confrontées à ce problème, il est probable qu'un jeu malsain et inconscient se soit installé entre la mère et l'enfant, autorisant cette dernière à sadiser sa mère, dans un rituel déjà codifié, organisé et accepté par les deux protagonistes.

Immanquablement, Laura sait bien que, chaque jour, l'enfant sortira de l'école en maugréant, trouvant que son goûter n'est pas à son goût. Sur le chemin, elle refusera de tenir la main et fera mine de se sauver dans la rue, entre les voitures. Lorsqu'elle sera rattrapée par une Laura au bord de la crise de nerfs, elle se roulera sur le trottoir dans un ultime feu d'artifice hystérique.

Le scénario est écrit d'avance. La conviction de ne rien pouvoir y changer, réussit à la convaincre qu'il n'y à guère d'autre solution que de prendre un anxiolytique chaque jour, pour affronter le monstre, qui n'est autre que sa peur et son manque de confiance en sa capacité à gérer sa fille.

On peut se demander pourquoi ni la mère et ni l'enfant n'arrivent à déroger à ce rituel aussi néfaste pour l'une que pour l'autre. Ce n'est pas si simple.

L'enfant a compris depuis longtemps que, tout comme une grande majorité des parents, sa mère ne souhaite pas donner le spectacle en pleine rue de sa problématique conflictuelle avec sa fille et ceci devant d'autres adultes.

Ce point inconsciemment intégré par les enfants difficiles, dès le plus jeune âge, devient un levier redoutable et un élément de pouvoir sur les adultes. La peur de mal faire ou d'être jugés sur leurs difficultés à gérer ce qu'il y a de plus proche dans leur vie - leurs enfants - tétanise littéralement les parents. La conviction de l'image misérable de faiblesse qu'ils donnent à ce moment est une des pires expériences émotionnelles qu'ils puissent vivre. Elle leur donne à penser, que s'ils ne peuvent dompter leur progéniture, comment pourront-ils alors, affronter des situations plus graves et complexes dans leur vie d'adultes ?

C'est le message qu'ils lisent dans le regard des témoins des crises de leurs enfants, dans la rue, dans les lieux publics, en famille ou chez les amis. Ce regard sans bienveillance les conduit à se construire profondément une image désastreuse d'eux-mêmes.

C'est ainsi qu'à bout d'arguments, certains parents finissent par conduire leurs affreux, jusqu'au poste de police ou à la gendarmerie, afin qu'un agent se charge pour eux de les sermonner !

Comprenant la déroute dans laquelle se trouvent ces adultes, les agents de police jouent le jeu et rappellent aux gamins sidérés (enfin !) le cadre qu'ils auraient dû intégrer depuis longtemps, dans leur éducation. Parfois, à bout de force, ces parents en arrivent à confier l'intégralité de leur autorité à l'école. Il n'est pas rare que des professeurs des écoles, des proviseurs voient s'effondrer dans leur bureau, des parents qui les supplient d'intervenir pour eux : « Punissez-le, corrigez-le, nous sommes totalement dépassés et ne savons plus que faire ! ».

Bien entendu, en arriver là est loin d'être la solution. Car si l'enfant se calme pendant un temps, il aura compris une fois de plus qu'il ne peut pas compter sur la puissance et la détermination de ses parents pour le protéger de lui-même et qu'ils ont besoin d'instances souveraines, en matière d'image, pour rappeler la Loi.

De même, si vous le laissez pleurer ou déclencher un tintamarre, il se peut que vous risquiez des remontrances de la part de voisins atrabilaires ou sensibles au bruit. Mais en plus, votre appréhension à subir à nouveau les reproches des voisins ne passera pas inaperçue, au regard scrutateur de votre bambin.

Il se peut qu'il utilise cette crainte pour se montrer encore plus capricieux en augmentant la pression, plus fort et plus vite, vous obligeant à céder pour éviter le bruit intempestif.

Pour essayer d'échapper à ce chantage, vous pouvez être tenté(e) de menacer l'enfant d'aller lui-même s'expliquer avec les voisins dérangés par ses cris. Mais ce serait encore confier à autrui, ce qui vous incombe : rétablir votre autorité.

Si vous êtes confronté(e) à ce problème, sachez que même dans votre immeuble, vous n'êtes sûrement pas un cas isolé.

Il est préférable d'aller en discuter avec vos voisins les plus proches, afin de leur expliquer la situation. Ils ne pourront que compatir dans une solidarité d'adultes, car s'ils ne sont pas confrontés au problème directement, ils ont au moins un ou deux membres de leur famille ou de leurs amis qui le sont.

Dégagé(e) de la crainte de leur réaction, mais également assuré(e) de leur solidarité, vous aurez moins d'hésitation à remettre le compter à zéro pour recadrer clairement ce qui a déraillé en terme d'éducation.

Une des épreuves les plus courantes est, sans doute, celle des courses dans une grande surface avec un jeune enfant.

Si pour les adultes, il est déjà difficile de se contraindre à la liste des achats prévus, sans se laisser envahir par un flot de stimulations et d'incitations à acheter bon nombre d'objets aussi inutiles que séduisants, imaginons alors combien il est presque impossible pour un enfant de ne pas être attiré par des centaines d'articles affriolants.

Pour éviter les crises de nerfs, les parents vont devoir gérer la situation bien avant d'arriver dans le magasin.

- Avant de partir de la maison, il est nécessaire de s'assurer que l'enfant a déjà bien déjeuné ou goûté. Les jeunes enfants ont, comme nous l'avons vu, une véritable intolérance et impatience face à la sensation de faim. Si c'est le cas, ils seront sollicités par toutes sortes d'aliments, de pâtisseries, de bonbons. Tout leur fera envie et les courses dans les rayons prendront l'allure d'un véritable chemin de croix.

- Si vous promettez quelque chose, tenez votre promesse. Mais il faudra tout autant être ferme si vous décidez de dire non à une demande ou un caprice, car vous seriez automatiquement décrédibilisé, si vous cédiez dix mètres plus loin. La frustration est très difficile à gérer pour l'enfant, mais savoir différer et calmer sa pulsion est aussi à sa portée dès l'âge de 3 ou 4 ans. Expliquez-lui, avant de sortir de chez vous, que vous comprenez qu'il lui est difficile de résister, mais aussi combien il sera fier de lui, s'il arrive à se raisonner. Si, avec insistance et colère, il réitère sa demande, dites-lui calmement, mais fermement, que vous ne céderez pas, quelle que soit son attitude.

Cette détermination tranquille peut avoir pour effet de le calmer immédiatement. Mais si ce n'est pas le cas, montrez un total désintérêt pour son attitude, continuez vos courses.

Si les caprices et les cris continuent, n'hésitez pas alors à planter dans le rayon votre caddie à moitié rempli, en prenant votre enfant par le bras pour vous diriger vers la sortie.

A l'extérieur du magasin, mettez-vous à sa hauteur et parlez-lui clairement, en prononçant distinctement des phrases courtes (sujet, verbe, complément) rappelant les règles de conduite de base dans un lieu public. Soit il est calme et raisonnable, soit vous rentrez chez vous.

Ne soyez surtout pas impressionné(e) par le regard parfois désapprobateur des autres clients. Le plus important est de marquer fortement l'esprit de votre enfant. Sortir d'un magasin en plantant avant la caisse le panier de courses dans lequel se trouvent les gâteaux ou le jouet qu'il avait réussi à obtenir de vous, représente un passage à l'acte suffisamment significatif, pour qu'il se souvienne de votre détermination à ne pas céder à son chantage.

Encore une fois, ne soyez aucunement gêné(e) face aux autres adultes. Dans la mesure où toute la scène se produit sans hystérie de votre part, mais avec un ton calme et déterminé, vous êtes dans le ton juste.

Ne doutez pas. Le doute est votre pire ennemi dans ce moment fondamental d'éducation.

Votre rôle est d'éduquer et d'aimer votre enfant et là, précisément, vous êtes en train de vous y atteler.

Sachez que la grande majorité des parents a été confrontée à des situations de crise avec leurs jeunes enfants. Cela n'a rien d'exceptionnel et ne fait pas de vous un tortionnaire ou mauvais parent pour autant. Ce moment d'éducation est aussi important que lorsque vous lui apprenez les règles de politesse en société ou à se laver correctement. Savoir différer une pulsion d'achat ou résister à un désir très fort d'acquérir un objet est éminemment éducateur et protecteur pour un jeune. Il comprend alors qu'il a le pouvoir de prendre le dessus sur ses pulsions, tout en faisant fonctionner des capacités plus subtiles d'analyse de priorités et de temporisation d'une situation.

Etre sage, est normal. C'est l'inverse qui ne l'est pas. L'enfant à qui l'on promet un cadeau s'il se tient tranquille, le temps des emplettes, comprend que tout est monnayable, y compris les bonnes attitudes de base qu'il est censé respecter.

Après avoir bien reposé le cadre, lors d'une discussion avec lui, n'hésitez pas à lui réaffirmer cet axiome essentiel : « Etre sage, est normal ».

S'il n'est pas sage et s'il ne se comporte pas calmement dans un magasin, son manque de sagesse entraînera automatiquement telle punition. Enoncez cette règle clairement et précisément.

En revanche, s'il fait de réels efforts de comportements dans la durée, faites-lui spontanément une surprise ou un petit cadeau, non parce qu'il a été sage, mais parce qu'il vous a fait plaisir. Offrez-le-lui, lors d'une petite discussion-réunion, lors de laquelle vous pourrez lui affirmer : « Nous (je) sommes vraiment contents et fiers de toi. Nous voyons que, maintenant, nous pouvons te faire confiance ».

Pour nous, les humains, nous avons dû apprendre tout ce que nous savons. Rien ne nous vient spontanément au niveau de nos comportements sociaux. Cadrer les enfants est un acte de la plus grande importance, car c'est leur apprendre les règles de bonne conduite, dans la société des adultes dans laquelle ils devront s'insérer dans quelques années.

Etrangement, alors que les parents se sentent très concernés par le fait de leur apprendre à lire et à compter, certains se relâchent au moment de leur enseigner « à être » et à se comporter.

Aucun enfant ne naît étiqueté « difficile ». Le gène du gamin infernal n'existe pas. En revanche, bien avant sa naissance et souvent même avant d'avoir été conçu, il est déjà porteur de toute une valise d'idées le concernant et d'une cargaison de jugements interprétatifs de la part de ses parents et de toute sa famille. Sa place dans la fratrie aura bien souvent et à son insu, une incidence qui le poursuivra longtemps.

Victor, 7 ans, avait épuisé ses parents et bon nombre de professionnels. Rétif à toute forme d'autorité, il n'obéissait qu'à ses règles qui se résumaient à : « Ce que je veux, quand je veux ». Intelligent, prompt à la répartie, il était diagnostiqué « précoce ». Né le second dans une fratrie de quatre, il a rapidement dû renoncer à une attention particulière de sa mère, très monopolisée par une troisième grossesse, cinq mois après sa naissance.
Elle lui avait très vite demandé d'être autonome, de manger, de se laver et de s'habiller seul.
Pour rationaliser le fait qu'il n'aurait pas beaucoup d'attention maternelle et que la tendresse parentale serait réduite à la portion congrue, son inconscient avait généré pour lui un comportement autonome, rétif aux rares marques de tendresse à son égard, même par les autres adultes de l'entourage.
Jouant seul la plupart du temps, il ne supportait pas l'intrusion de son frère aîné dans sa bulle et encore moins, des deux plus jeunes de la famille.
Catalogué d'emblée comme « pénible » par sa mère… alors qu'il n'était qu'un fœtus de 6 mois dans son utérus : « Déjà à ce moment, il ne tenait pas en place, je ne pouvais pas dormir, pendant ma grossesse, il me réveillait, tant il remuait ! ».

Dès la naissance, l'enfant avait enchaîné des problèmes digestifs de reflux, de sommeil, pleurant parfois des heures durant, face à une mère malhabile et impuissante à comprendre ses besoins.
La distance avec laquelle elle parlait de lui, semblait d'emblée une piste importante à analyser.
Elle raconta plus tard son histoire d'enfance : sa propre mère voulut avorter d'elle, dès qu'elle eut connaissance de sa grossesse. Elle s'était ravisée au dernier moment, influencée par un médecin et s'était résolue à garder l'enfant, sans jamais vraiment l'investir affectivement... Elle était arrivée trop tôt, en seconde place, elle aussi. Elle vint parler, non plus de Victor, mais de ses chagrins et de ses frustrations d'enfant peu aimée. Elle ne se souvenait pas une seule fois avoir été prise dans les bras par ses parents.
Avec beaucoup d'émotion, elle tomba des nues en comprenant combien elle avait projeté sur Victor, né en second tout comme elle, le même désintérêt qu'elle avait elle-même supporté de la part de sa mère. En parler dans le cadre thérapeutique et comprendre enfin l'origine de son comportement affectif, l'autorisa à exprimer sa tristesse d'avoir, sans s'en rendre compte, raté une partie de sa relation avec son fils. Elle réalisa également, que rien n'était irrattrapable, mais qu'il lui faudrait trouver le bon moment pour avoir une conversation sincère, avec lui, afin de lui expliquer les raisons profondes de ce manque d'affection.

Elle le fit très vite. D'abord réfractaire face à cet étrange intérêt à son égard, il eut un mouvement de rejet tout de suite suivi par une écoute très attentive. Il buvait littéralement ses paroles et finit par se laisser aller dans ses bras. Ils comprenaient tous les deux combien ils avaient été victimes d'un fonctionnement qui ne leur appartenait pas. Il était le résultat d'un rejet inconscient, opéré lors d'un subtil « copier-coller ». Victor avait juste eu la malchance de naître en seconde position, tout comme sa mère.
Son début de vie aurait sans doute été tout autre si, simplement, il avait occupé la 1ère, la 3e ou la 4e position dans sa fratrie.

Bon nombre d'enfants dits « difficiles », sont avant tout porteurs de poids inconscients, pesant sur leur vie.

Un enfant « difficile » n'est que le symptôme vivant d'un dysfonctionnement inconscient dans la famille. Il est en quelque sorte celui qui sacrifie sa vie psychologique et son équilibre, pour tirer une sonnette d'alarme, rarement prise en compte.

Voir les enfants « difficiles » sous ce prisme rend poignant cet appel qu'ils adressent à leurs parents. Ce signal maladroit et difficilement compris a pour but de réveiller leurs adultes, afin de les inciter à tenter quelque chose pour changer les mécanismes inconsciemment distordus dans la famille.

Tous les êtres humains n'aspirent fondamentalement qu'à être heureux, à vivre dans l'harmonie et dans l'amour. Cela semble simple, tant le concept d'amour pour sa propre progéniture paraît, a priori, aisé à appliquer.

Pourtant, les notions d'amour et de bonheur sont, en revanche, beaucoup plus difficiles à circonscrire et à conceptualiser, même si presque tout le monde s'en fait une vague idée, un rêve ou un idéal.

Pourtant étrangement, rien n'est plus répandu que le manque d'affection, l'absence d'harmonie dans les familles et dans la relation parents-enfants. Pour un grand nombre d'humains de nos sociétés, la notion de bonheur familial ressemble à un Graal inaccessible ou à un mythe fantasmatique.

A priori, rien n'est plus élémentaire, que de prendre son jeune enfant dans les bras, de sentir avec une évidente empathie s'il a froid, soif, ou faim, de comprendre ce qui le gêne ou ce dont il a besoin en matière de tendresse. Pourtant, les réponses, si simples soient-elles, sont sans cesse entravées par la névrose des parents.

Leurs jugements et leurs fonctionnements psycho-affectifs sont trop souvent dérangés par des peurs, des blocages, des doutes, des obstacles de toutes sortes qui parasitent et empêchent les relations harmonieuses et la capacité de générer le doux, le calme et le bien-être, autour de soi et en soi.

Dès sa naissance, un enfant recherche, en plus de la satisfaction de ses besoins physiques vitaux, la sensation essentielle d'exister affectivement pour ses parents, d'être compris, de sentir de la cohérence dans les actes et les dires des adultes qui l'entourent. Ces besoins primordiaux (et encore une fois, il n'est pas question uniquement des besoins de satisfaction primaires et fondamentaux de nourriture, de chaleur et de confort physique homéostatiques) associés à son hypersensibilité physique et psychologique, ne peuvent que produire des réactions en chaînes de plus en plus complexes, lorsque le moindre grain de sable vient déjouer cet ordonnancement subtil.

On imagine alors aisément combien les réactions et les symptômes des enfants sont proportionnels à l'ampleur de la non-réponse d'affectivité des adultes. Leurs désordres de comportements proviennent parfois également et paradoxalement, d'un débordement affectif, issu de mères angoissées et étouffantes, instaurant des rapports affectifs malades et trop oppressant, pour eux. Ce comportement asphyxiant réactive une peur archaïque d'inceste potentiel symbolique ou réel avec la mère (issue de la période œdipienne). Pour échapper à cette glu, les enfants en question sont contraints à des comportements extrêmes de résistance.

Bien plus que les adultes, ils ont le sens de l'organisation et de l'harmonie nécessaires pour trouver le bien-être, souvent même avec peu de moyens. Ils se sentent par exemple profondément heureux simplement, à lire un livre, à regarder un dessin animé près de leurs parents... Mais ce bonheur est instantanément perturbé, lorsqu'ils les sentent tracassés intérieurement, par une ambivalence affective, même inconsciente ou des soucis.

Leur hypersensibilité psycho-affective leur permet de tout ressentir très fortement, tout en passant au scanner les moindres pensées profondes et intimes de leur entourage.

Leur inconscient est encore à « fleur de peau » et se manifeste sans attendre, lorsque le désordre mental ou affectif règne autour d'eux.

Pour évacuer leurs tensions et extérioriser leur malaise, mais également celui qu'ils ressentent dans leur famille, deux voies s'offrent à eux :

La voie somatique

. Maux de ventre,
. Problèmes cutanés : eczéma par exemple,
. Difficultés respiratoires : asthme,
. Problèmes alimentaires : manque d'appétit, reflux, boulimie, refus de s'alimenter lors des repas familiaux,
. Symptômes intestinaux, diarrhées, constipation,
. Difficultés d'endormissement, réveils fréquents au cours de la nuit.

La voie comportementale

. Prostration,
. Agitation,
. Mauvaise humeur constante,
. Pleurs fréquents,
. Caprices,
. Silence,
. Désobéissance systématique,
. Difficultés de concentration,
. Fonctionnement incontrôlable,
. Hyperactivité, enfants agités tout le temps, (ne pas confondre avec enfants actifs)
. Brutalité, sadisme,
. Conduites à risques,
. Provocation,
. Tristesse.

Enfants difficiles – Miroir de la problématique parentale

Carole a un garçon de 8 ans et une fillette de 7 ans. L'aîné a développé une jalousie à la naissance de sa sœur. Son comportement, déjà difficile auparavant, est devenu rapidement ingérable. Il se lève chaque matin de très mauvaise humeur, pique de nombreuses colères chaque jour et ne travaille pas à l'école.
Le médecin de l'enfant préconise la prise de médicaments spécifiques pour réguler ses humeurs, mais avant, il a demandé à Carole de venir travailler au décryptage de sa relation avec son fils.
Cette femme d'éducation « parfaite », sourit tout le temps d'un petit rictus figé. Elle peut d'ailleurs parler de choses épouvantables, avec toujours ce petit sourire glacé. Je suis surprise de sa manière de converser, en regardant ailleurs.
En entrant dans mon bureau, elle me serre la main avec une parfaite petite courbette.

En l'écoutant parler de son fils, je comprends qu'il ne fait que déborder, là où sa mère ne se l'autorise pas. Il ne supporte pas de la voir « en représentation » permanente, dans la plus exacte illustration de ce que l'on nomme en psychanalyse le « faux self ».

Un « faux self » est un individu qui n'existe et ne réagit pas en fonction de lui, car il est soumis depuis l'enfance à un environnement dont les règles de vie sont trop contraignantes. Cette éducation a pour conséquence de construire une personnalité incapable de réagir autrement que par des fonctionnements stéréotypés et artificiels, dans lesquels l'émotionnel doit en être le plus possible édulcoré.

Inconsciemment, le fils de Carole, a trouvé un moyen parfaitement au point, pour rendre sa mère « vivante » et plus authentique. En la poussant au bout des limites de sa résistance psychologique, il peut arriver à la faire sortir de ses gonds et déborder dans des crises de nerfs explosives. C'est très désagréable pour lui, mais il n'a pas le choix. Ce sont les seuls moments où il a l'impression d'avoir un être humain vivant en face de lui. En poussant sa mère dans ses retranchements, il la ressuscite. Elle devient réelle.
Elle crie, elle hurle, hors d'elle, mais elle s'exprime !
C'est sa manière à lui de vouloir sauver sa mère de ce fonctionnement psychique pétrifié, dans lequel elle a elle-même été élevée, lui exprimant tacitement : « Si tu ne me montres pas que tu es vivante, alors c'est moi qui vais te montrer comment le devenir ».

Même si cela lui parut, a priori impossible à réaliser, je lui dis que les attitudes de provocation de son fils commenceraient à s'atténuer, si elle voulait bien essayer d'avoir certains comportements inattendus, tels que : chantonner dans la rue, organiser un pique-nique sur le tapis du salon, rire plus souvent, mais rire vraiment, non pas avec ce petit rictus convenu et surtout, de s'autoriser à une vraie tendresse avec son fils.
Elle me regarda comme si je venais de lui demander de traverser la Manche à la nage !
Pourtant, après quelques essais maladroits, c'est ce qu'elle fit, timidement, puis de plus en plus spontanément.
Les colères et les crises de jalousie de son fils se sont raréfiées à sa plus grande surprise.

Ce cas illustre combien presque tous les parents possèdent la capacité, je dirais même la compétence, de pouvoir solutionner un grand nombre des dysfonctionnements psychologiques dans les comportements excessifs ou difficiles de leurs enfants.

Cela est possible à condition de comprendre eux-mêmes, l'origine du trouble. Ce qui impose :
- d'avoir conscience de l'existence d'un problème,
- de vouloir réellement changer les choses,
- de travailler sur soi afin de déceler l'origine du problème,
- d'accepter qu'il puisse être toujours possible et à tout moment, de mettre en place de nouveaux comportements, capables de transformer radicalement les rapports parents-enfants.

Manuel de survie pour apaiser avant d'exploser

1. Réunion de famille

Quand tout semble aller de travers, il est temps d'organiser un arrêt net et précis dans la routine qui bat de l'aile : pour cela, on réunit l'ensemble de la maisonnée pour un conseil au sommet !

Tout le monde doit y participer grands et petits. La raison de cette réunion exceptionnelle doit être tout de suite énoncée, sur un ton clair, sérieux, voire grave.

Par exemple : « Depuis plusieurs semaines (mois), nous n'arrivons plus à communiquer, chacun d'entre vous essaie d'échapper aux règles, en désobéissant constamment. Le stress a envahi notre maison. Ce n'est plus possible. Nous devons reprendre tout ce qui ne fonctionne pas et nous comptons sur vous pour nous y aider ».

2. Préambule à toute discussion

Pendant cette réunion, on ne coupe jamais la parole à celui qui parle. On attend qu'il ait fini avant de s'exprimer, chacun à son tour. Interdiction d'utiliser des insultes ou d'agresser verbalement, on se comporte en êtres civilisés et non en sauvages.

3. Tableau des dysfonctionnements

Les parents (ou le parent) énoncent d'un ton sobre et grave, les dysfonctionnements de comportements de chacun des enfants, en écrivant au fur et à mesure chacun de ces points sur un tableau ou une grande feuille de papier.

4. Oser dire

Que l'on est en colère (calmement), triste, déçu, que l'on n'est pas d'accord avec ce qui se passe,

5. Expression

Chaque enfant va pouvoir s'exprimer et dire ce qu'il pense de la situation, de son comportement et des raisons présumées de ses fonctionnements. Il a la possibilité de dire ce qu'il ressent profondément. Par exemple : « je suis triste parce que... », « Je trouve que ce n'est pas juste de.... »

6. Ecoute

Ecouter, calmement, avec respect, les explications, justifications, griefs, frustrations et reformuler clairement la phrase de l'un ou l'autre.

7. Indications

Indiquer clairement, toujours calmement, que désormais les choses ne vont pouvoir qu'évoluer vers le mieux. Impossible de continuer tel que c'était parti.

Refaire un tour de table, en demandant à chacun des enfants comment il imagine son rôle dans cette amélioration globale de la vie de famille.

Il est important de responsabiliser les enfants en les impliquant à part entière dans les progrès à apporter. Ils ont la capacité de réfléchir à une amélioration.

8. Bilan

Faire un bilan rapide de ce qui a été entendu, puis très clairement affirmer ou réaffirmer les règles qui vont devoir s'appliquer dans la famille. Les énoncer distinctement tout en les inscrivant sur la grande feuille de papier ou sur le tableau.

9. Attributions

Indiquer et réaffirmer les attributions de chacun. Il n'est pas inutile de rappeler que sur un bateau, en pleine mer, il y a un règlement de bonne conduite. Chacun n'arrive pas avec ses règles fantaisistes et personnelles. On suit les ordres du capitaine, cela ne se discute pas. Sinon, on risque de sombrer.

10. Réunion

Préciser qu'il y aura une réunion chaque semaine, pour constater ensemble les progrès accomplis (ce qui implique qu'il n'est même pas envisageable d'aller autrement que dans le sens d'une amélioration notable).

11. Règles

Accrocher la feuille sur laquelle ont été notées les règles de comportement et les attributions des uns et des autres, dans un endroit accessible même aux plus petits.

12. Durée

Pendant plusieurs semaines, se montrer sobre dans ses manifestations. Ne pas oublier que l'heure et grave. Votre équilibre psychique et votre moral ont frisé l'effondrement et votre famille ressemblait il y a peu, au « Radeau de la Méduse ».

Pour être crédible, il faut montrer de la cohérence. On pourra lâcher un peu de leste, lorsque de véritables évolutions auront été constatées.

Il est important de montrer une forme de gravité dans les propos. Les enfants, même les plus récalcitrants, sont très sensibles au changement de ton de leurs parents et à une certaine manière de serrer les rangs dans les situations graves.

Les signes du burn out chez les mères

Les femmes donnent en majorité les premiers signes de burn out parental. Si les symptômes d'épuisement peuvent surprendre toutes les mères, force est de constater qu'il atteint plutôt celles qui réunissent les éléments d'un certain profil psychologique.

Idéalisation de la maternité

Les mères particulièrement fragiles face au burn out parental se veulent parfaites sur tous les points. Totalement investies dans l'organisation de leur famille, elles gèrent tout l'ordonnancement de la maisonnée et donc, surtout, ce qui concerne les enfants.

Très documentées, elles règlent la multitude des moindres détails de leur vie quotidienne, leur santé, leur alimentation, leur vie sociale, leurs activités. Ce sont elles qui font l'interface avec l'école. Inconsciemment, elles gèrent même les liens que les enfants ont le droit de nouer avec leur père et réciproquement. Souvent isolées et particulièrement concentrées sur leur progéniture, elles se renferment un peu plus, lorsqu'elles se sentent assaillies par les premiers sentiments ambivalents, tels un agacement inopiné, une perte trop fréquente de sang-froid, des pensées agressives, parfois des signes de violence, vis-à-vis de leurs enfants.

Ces premiers signes les ébranlent particulièrement durement, car ils viennent contrecarrer l'idée d'une éducation idyllique et fantasmatique qu'elles s'étaient elles-mêmes édictées. Meurtries de culpabilité face à leurs pensées et parfois à leurs gestes violents en totale contradiction avec leur grande conviction initiale.

Elles se sentent en perte de repères, incomprises, sous-estimées en comparaison de leur investissement qui semble soudain vide de sens et inutile. C'est le moment où elles s'effondrent sur le mode d'une décompensation dépressive. Tous les efforts fournis sur l'autel de la maternité et de la vie familiale semblent soudain, vains, creux, non comblants et décevants sur le plan narcissique.

Désir de perfection et parentalité idéalisée

Les progrès concernant les procréations difficiles, voire impossibles, il y a encore quelques années sont de nos jours, considérables.

La surveillance des grossesses atteint un haut niveau dans les pays développés. Le déroulement de la gestation bénéficie d'une surveillance de haute technologie et de grandes compétences médicales. Les accouchements sont grandement facilités par l'évitement de la douleur et chaque naissance tire profit des plus grands soins. Chaque bébé arrive tel un trésor pour le Monde. Son extrême fragilité, mais aussi le miracle de perfection dont il est porteur, contribuent à cette idéalisation de la maternité et de la parentalité parfaite, dans une organisation millimétrée par des comportements de part et d'autre, tout aussi parfaits. Puisque ce petit être tant rêvé, imaginé, désiré, est attendu dans des conditions de grande sécurité médicale, dans un cadre soigné, cotonneux, hors du temps, il ne peut alors que symboliser l'espoir d'une nouvelle vie meilleure. Il est censé apporter dans sa corbeille de naissance, le cadeau d'une organisation de vie inédite dans le couple et dans sa famille. Galvanisés par l'émotion et la joie de cet évènement, les parents le vivent la plupart du temps, comme l'occasion qui va leur permettre d'appuyer sur la touche « RESET » symbolisant un nouveau départ dans leur destinée. Toute naissance est vécue comme une gomme à symptômes d'une névrose ou de difficultés psychologiques présentes dans l'histoire familiale ou dans le couple parental.

Terrible méprise. L'enfant, quant à lui, ne sait pas encore qu'il est investi d'un tel espoir. Il commence innocemment sa vie de bébé, avec toute sa dépendance et sa fragilité, prêt pourtant à s'adapter en toute bonne volonté, à l'univers affectif dans lequel il a atterri.

Pour les parents, la désillusion les fait tomber de haut, lorsqu'ils commencent à réaliser que la naissance des enfants n'entrainera pas forcément le bonheur du couple et qu'il faudra gérer en plus, chaque jour, de nouvelles expériences et d'étonnantes émotions, merveilleuses et parfois grandement perturbantes.

Le retour à la vie « normale » hors de la maternité, peut se dérouler paisiblement si les parents restent soudés, solidaires et détendus face à l'entrée en scène de leur bébé.

Mais si l'un d'eux est parasité par des sentiments contradictoires, aussi discrets soient-ils, même inconscients, alors les désordres entrent en scène les uns après les autres.

Ces pensées et émotions contradictoires peuvent être :
Pour la mère
- « Je ne comprends pas pourquoi il pleure » (= je ne suis pas capable de le satisfaire),
- « Je n'ai pas assez de lait, je m'y prends mal » (= je suis une mauvaise mère),
- « Il régurgite mon lait, il ne doit pas être bon, il n'en veut pas » (= il ne me veut pas),
- « Il me réveille toutes les nuits » (= c'était mieux avant !),
- « Je me sens mal dans mon corps, j'ai trop grossi » (= j'étais mieux avant !),
- « Je n'ai plus le temps de respirer » (= c'était mieux avant, pourquoi tant de contraintes !?)...

Pour le père
- « Je ne retrouve plus ma femme ! »,
- « Je me sens perdu, je n'ai plus mes repères »,
- « Impossible de me reposer vraiment, sans culpabiliser par rapport à ma compagne »,
- « Mignon ce bébé, mais c'était plus tranquille avant »,...

Sur des plans inconscients plus retors, des milliers de sentiments contraires viennent contrarier les mères, en voici quelques exemples :

- l'enfant a le même regard que le frère de la mère, ce frère qui a été le « préféré »,

- il est l'enjeu d'une relation difficile avec les grands-parents qui profitent de la naissance pour envahir le couple,

- la mère se rend compte que son conjoint continue sa vie professionnelle et sociale, alors qu'elle se sent mise à l'écart par cette naissance,

- le bébé, par son rang d'arrivée dans la fratrie, symbolise une place occupée également par elle dans sa famille d'origine. C'est d'autant plus compliqué à gérer psychologiquement pour elle si cette position était reliée à une différence d'affectivité de la part de ses parents.

- L'arrivée de l'enfant modifie sa place et son rôle dans la famille (les parents de la mère deviennent soudain grands-parents et bougent d'un cran dans le schéma familial), la mère perd son rôle d'enfant et devient à son tour parent.

- Les angoisses existentielles larvées peuvent apparaitre en même temps que la naissance de l'enfant (peur du vieillissement, de sa mort et de celle de ses parents),

- Emergence d'un sentiment de toute-puissance comblant narcissiquement mais très ambivalent, pour une femme qui se rend compte du pouvoir qu'elle détient sur ce petit être totalement dépendant. On imagine combien, plus que jamais, l'équilibre psychologique de cette femme est fondamental pour le bébé qui lui est totalement dévolu corps et âme.

L'objectif de performance

L'objectif de performance est l'un des plus grands responsables du burn out parental.

C'est la peur de mal faire qui crée la pression. La difficulté ne réside pas tant dans le nombre de choses à réaliser, même si l'accumulation sans trêve et la sensation de ne plus s'appartenir génèrent du stress et de la frustration, mais c'est l'obligation de réussir qui commet le plus de dégâts.

Etre parfaite sur tous les points, dans toutes les activités induites par la maternité, déclenche une intense pression interne, sous le regard des autres. Les autres étant la famille, les amis, les collègues, l'école et les parents des autres élèves.

Cette tension intense que l'on se crée intérieurement est une condamnation à la performance, entraînant des stress et des obligations souvent absurdes projetés sur les enfants. Eux-mêmes répondront à cet excès d'incohérences soit par la colère, parfois du repli, mais le plus souvent par des attitudes comportementales pénibles, montrant à tout instant leur insatisfaction et leur révolte.

Lorsque l'on vit comme des condamnés à bien faire, on se construit une peine qui aboutit inévitablement au burn out parental.

Heureusement, tous les parents ne le vivent pas ainsi, sans doute parce qu'ils sont plus détendus à l'idée de ne pas « être parfaits », de ne pas avoir un premier de la classe, un enfant qui sache lire à 5 ans, ils sont heureux de leur adolescent qui termine sa terminale avec 12 de moyenne ou moins.

Son père et sa mère n'en feront pas une affaire personnelle et se féliciteront d'avoir un jeune, bien dans sa peau, heureux de se lancer dans la vie. Aucune importance s'il n'est pas reçu dans une grande école prestigieuse. Il aura peut-être été plus important pour eux d'entretenir une belle communication avec lui, de partager de bons moments ensemble et d'avoir contribué à l'aider à devenir un jeune adulte en pleine forme.

Chaque parent fait de son mieux, mais ce sont les critères de ce « mieux » dans la palette des comportements qui montrent parfois des faiblesses.

Par exemple, un père maltraite verbalement son fils qui a de mauvais résultats à l'école.

Son intention d'améliorer les résultats scolaires est positive, en revanche, ce sont les moyens utilisés qui sont défaillants et inadéquats.

Ambivalence des sentiments et dérives

Comme nous venons de le voir, les sentiments contradictoires des parents vis-à-vis de leurs enfants, peuvent déborder et dans certains cas dériver sur des comportements de violence grave.

La maltraitance infantile est un problème complexe à identifier, car la violence et le débordement des parents peuvent se produire dans tous les milieux. Elle est plus visible et décelable (pas toujours, malheureusement) dans certains milieux défavorisés. C'est le cas lorsque l'alcoolisme ou la toxicomanie font des ravages. Les conditions de vie précaires génèrent souvent des troubles dépressifs, accentués par les soucis de chômage et une trop grande promiscuité.

Ces difficultés de vie déclenchent parfois des attitudes agressives avec les enfants, notamment les bébés, dans une dépendance totale.

Ils peuvent être battus, jetés brutalement dans leur lit, maintenus fortement ou laissés dans des situations de malaise, de saleté, de privation de nourriture et de non-soins.

Plus on monte dans l'échelle sociale, plus la violence vis-à-vis des enfants est insidieuse et dissimulée, mais tout aussi réelle.

L'ambivalence des sentiments de ces parents très fragiles psychologiquement, les entraîne à exercer une brutalité larvée, faite d'indifférence, d'absence de soins, des brimades physiques ou psychologiques, qui ne se voient pas forcément de l'extérieur, mais qui transforment la vie de ces enfants en enfer.

L'ambivalence psychologique est présente, avec plus ou moins de subtilités, dans tous les milieux. Elle est dans toutes ses manifestations le signe évident d'un débordement de sa résistance physique et psychologique, face à un décalage entre un fantasme idéalisé et le principe de réalité de la parentalité.

Sans en arriver à des extrêmes de comportements ambivalents, tout parents peut éprouver lors de moments de fragilité, de doute, de fatigue, des sentiments contradictoires, un rejet momentané, une intolérance inopinée. On ne devient pas pour autant une sorte de monstre sans cœur.

Si ces idées deviennent encombrantes au point de parasiter la pensée par la culpabilité qu'elles entraînent dans leur sillage, le plus simple est d'aller en parler, pour s'en libérer et comprendre leur message inconscient.

Les signes qui doivent alerter

Des signes de tristesse récurrente doivent alerter le conjoint, la famille ou l'entourage relationnel. Une fatigue passagère est normale et aucun parent n'échappe à des passages à vide, liés à des périodes plus déstabilisantes, à savoir lorsqu'un enfant est malade, ne dort pas, ou quand aux difficultés professionnelles, s'ajoutent des nuits difficiles avec un bébé.

On ne parle pas pour autant de burn out parental. En revanche, une sensation de fatigue qui ne passe pas depuis plusieurs semaines, voire plusieurs mois, une humeur à fleur de peau, des anxiétés qui parviennent à parasiter les actions les plus simples de la vie, marquent autant de signes qui doivent sérieusement donner l'alerte.

La particularité de cet épuisement est justement son imperceptibilité par la personne qui en est atteinte.

Une mère au bord du gouffre nerveusement et au bout de ses réserves d'énergie, peut en toute inconscience et par souci de continuer à gérer à la perfection toute sa petite tribu, ne pas se rendre compte qu'elle est en train de sombrer.

Dans son fantasme sacrificiel, elle s'oublie au bénéfice de sa progéniture, allant jusqu'à anticiper les moindres désirs et les plus petits besoins des uns et des autres.

Caroline, mère de deux jumeaux de 18 mois, avait, depuis leur naissance, assuré tous les soins nécessaires avec beaucoup d'énergie et un débordement d'enthousiasme, heureusement aidée par son mari qui se levait, la nuit, pour les biberons. Architecte de profession, elle avait décidé de mettre son travail entre parenthèses pendant deux ans, afin de « profiter » le plus possible de ses bambins.

Au bout d'un an, elle commença à ressentir des signes de grande fatigue. Personne ne pouvait prendre le relais dans leur famille. Sa mère, encore en activité, venait parfois l'aider une demi-journée, guère plus.
Hésitant à laisser ses jumeaux à la halte-garderie de son quartier, elle perdait beaucoup de temps et d'énergie pour mener à bien, la moindre course. Elle apprit à ne pas passer plus de cinq minutes dans la salle de bains, pour s'occuper d'elle et renonça à l'espoir d'une nuit complète de vrai sommeil réparateur.
Ses fils se passaient le relais pour se réveiller, avoir faim, vouloir jouer, même en pleine nuit.
Lorsque son mari partait travailler le matin, elle s'effondrait à la perspective de rester seule avec ses deux enfants, toute la journée.

Des attaques de panique l'étreignaient de plus en plus quotidiennement.
Un jour, à bout de nerfs, elle eut peur de ses réactions agressives à leur égard : « Aujourd'hui j'ai peur de ne plus les supporter, de ne plus pouvoir m'en occuper » ou bien « Si l'un d'eux crie, je sens que je vais hurler à mon tour ».
En analysant son comportement en consultation, elle se rendit compte de la situation d'omnipotence construite brique après brique, dans tous les paramètres de sa vie. En voulant tout régir, le mieux possible, elle s'était convaincue que personne d'autre qu'elle, ne saurait mieux répondre aux besoins de ses fils, pas même leur père.
Ses croyances aberrantes commençaient à déclencher des réactions en chaîne dans les comportements des enfants. Dépendants et en même temps intolérants à cette dépendance vis-à-vis de leur mère, noyés par ses sollicitations et cette manière d'anticiper tous leurs désirs, des répercussions très invalidantes se développaient sur leur capacité à désirer ou à être satisfaits. Capricieux, insatisfaits chroniques, ils devenaient ingérables.

C'est en ne pouvant jamais avoir accès au désir, puisqu'il est immédiatement anticipé par leur mère, que ces enfants progressent souvent plus tard vers des comportements d'adultes frustrés, embourbés dans une dépendance mélancolique et sans désirs propres véritables.

Toutes leurs ébauches de désirs sont d'abord passées à travers le prisme du désir de leur mère et de son fantasme d'autosuffisance.

Dans l'impossibilité de développer une consistance propre, les enfants de ces mères restent souvent désespérément leur objet transférentiel. Elles comblent une vacuité psycho-affective, présente depuis leur propre enfance. Ils ne peuvent s'échapper de la toile d'araignée, autrement que par des à-coups violents et des comportements difficiles, dans le but désespéré d'être éjectés de cette toile, si attractive et pourtant mortelle pour leur équilibre psychique et leur autonomie.

S'il est fondamental de savoir observer, anticiper ou au moins réagir rapidement face aux besoins d'un nouveau-né ou un jeune enfant, il est tout aussi important de lui laisser le temps d'exprimer un besoin ou un désir dès qu'il le pourra par la parole.

Il apprend ainsi à se différencier de la bulle maternelle, tout en prenant conscience de sa propre existence.

Il est un « autre », un être à part entière et peut commencer à vivre autrement qu'en étant l'obligatoire continuité de sa mère.

Une femme prise par le besoin névrotique de « servir » ses enfants, en imaginant accomplir son rôle à la perfection, se comporte, sans s'en rendre compte, sur le registre de la maternité abusive. Elle occupe toute la volonté, mais aussi l'espace conceptuel et mental de l'enfant. Elle se dessine dans tous ses actes, dans tous ses jeux symboliques et dans ses désirs les plus ténus.

La vie sociale de cette femme est souvent réduite, car la volonté de son inconscient, est précisément de la rendre suffisante dans la totalité des besoins de l'enfant.

Ces mères peuvent retarder l'entrée en maternelle ou déscolariser leurs petits évoquant l'imperfection du système éducatif, par exemple.

Ces mères-louves hésitent à laisser les enfants partir en classes vertes, en colonies de vacances, en centres aérés, préférant les garder près d'elles.

Alors, quelle est l'échappatoire pour les enfants de ces femmes habitées par le fantasme de l'autosuffisance ?

Deux solutions s'offrent à eux :

- ils peuvent accepter de ne pas sortir de la dépendance, non pas pour leur propre confort, mais uniquement parce qu'ils ressentent le besoin névrotique inconscient de leur mère à jouer ce rôle de « mère sacrifice », toute-puissante. L'inconscient d'un enfant est le grand révélateur de celui de son entourage et, par prédilection, de celui de ses parents.

Il détecte avec une acuité inouïe combien le psychisme de sa mère n'a pas d'autre choix que de s'occuper de lui 24 h sur 24, dans le but de masquer ou de sublimer un chagrin enfoui, une dépression larvée, un secret de famille enterré, mais néanmoins perturbant, ou une angoisse existentielle.

Pour illustrer ce point, reprenons l'exemple de ces mères qui font le siège des salles d'attente des médecins, pédiatres plusieurs fois par semaine, angoissées au moindre rhume.

En général, les médecins ne sont pas dupes et savent bien qu'ils soulagent autant l'angoisse de la mère que le symptôme somatique de l'enfant.

L'inconscient du petit, lui non plus, ne s'y trompe pas. Obéissant aux injonctions inconscientes de la mère, il va s'organiser pour déclencher bon nombre de tracas de santé, bien sûr, à insu de l'enfant et de la mère. Ces troubles psychosomatiques n'auront au final qu'un seul but : détourner le psychisme de la mère, de sa dépression larvée, de ses soucis ou de ses frustrations de couple.

Ces femmes n'hésitent pas, même épuisées, ou malades, à organiser un anniversaire, une communion ou un événement familial éblouissant, inoubliable et étourdissant par le nombre d'invités. Ce sont les reines de l'organisation festive, elles peuvent recevoir dans leur salon, une trentaine de gamins survoltés, avoir préparé une myriade de desserts, s'improviser clown, devenir le temps d'un après-midi, animatrice de jeux... pour s'écrouler dans un effondrement dépressif le lendemain.

- Une seconde voie s'offre aux enfants pour leur permettre de se défendre et se protéger du fonctionnement tout-puissant et angoissé de leur mère : ce sont les troubles du comportement.

Caprices, discussions sans fin pour les moindres détails de la vie quotidienne, pleurs, refus d'aller se coucher le soir, de manger, guerre de tranchées pour s'habiller, se laver, aller à l'école, jalousie et violence à l'égard des frères et sœurs, violence (morsures, coups, destruction d'objets) vis-à-vis de la mère ou du père qui, lui non plus, n'arrive pas à s'imposer, dans ce théâtre trop névrotique.

Les enfants difficiles ne le sont, ni par perversion (rarement), ni pour le plaisir de générer du conflit. Ils le sont encore moins parce qu'ils détestent gratuitement leurs parents et s'ingénient à les contrarier pour le leur montrer.

Pour aussi inacceptable que cela puisse parfois être perçu par les adultes qui souffrent de la situation, ils ne le sont que par désespoir d'être incompris.

J'ai toujours été impressionnée par l'incroyable perspicacité psychologique des enfants, même tout jeunes bébés. Contrairement à leurs aînés, ils sont encore branchés en ligne directe sur leur inconscient et ceci presque sans filtre. Pour eux, nul besoin de symbolique tarabiscotée, de faux-semblants de langage ou de pensée. Ils perçoivent les moindres situations et pensées inconscientes de leur entourage, par leurs sens, physiques, psychiques, intuitifs et vibratoires. Impossible de leur en conter, ce qu'ils saisissent est si vif en intensité, si clair.

Ils savent TOUT des combines, des emberlificotages de l'inconscient des humains qui les entourent et en plus, de ceux de leurs parents. Tout se passe comme si, spectateurs dans une salle de cinéma, ils assistaient depuis leur fauteuil au film de la vie de leur famille. Ils sont au cœur du scénario et en même temps, observateurs dans la salle et critiques cinématographiques.

Le problème réside justement par le fait qu'ils soient acteurs dans le film, contraints d'assister aux désordres névrotiques de leurs adultes. Assignés à leur rôle d'enfants, ils ne peuvent se comporter autrement qu'en tant qu'enfants, puisque c'est ce que qu'on attend d'eux. Alors que, dans la majorité des cas, ils ont des compétences extraordinaires d'analyse des situations psychologiques et une prescience des améliorations à apporter.

(« Je ne vois jamais mon père, il rentre trop tard. Mes parents ne s'embrassent jamais, je suis sûr qu'ils se disputeraient moins si maman ne critiquait pas tout le temps papa » expliquait Paul, 8 ans.)

Aussi, quand ils sentent un désordre dans le fonctionnement psychique de leur famille, tous leurs feux de détresse s'allument, d'abord l'un après l'autre, puis tous en même temps dans un grand feu d'artifice de désordres psychologiques et de comportements insupportables.

Ils cherchent désespérément à attirer l'attention sur :
- une mère ou un père dépressif,
- une trop grande exigence, (résultats scolaires, sportifs, artistiques),
- quand tout va trop vite,
- quand ils n'ont pas assez de manifestations de tendresse et d'amour,
- quand ils sont trop fatigués par des rythmes épuisants,
- lorsqu'ils sentent une distorsion liée à un mensonge, à un lourd secret, à une trahison,
- face à l'hystérie, à la névrose d'une mère ou d'un père,
- face à l'obsession de perfection des parents,
- à un trop grand contrôle physique, psychique,
- à l'envahissement psychique de l'un des parents,
- quand ils sont contaminés par les angoisses des adultes,
- face à une perversion chez l'un d'entre eux.

Leur objectif primordial se nomme : EQUILIBRE

L'équilibre leur est également nécessaire de manière vitale, dans la dose d'amour et d'attentions dont ils ont besoin pour se sentir « complets », « denses » sur le plan narcissique et heureux tout simplement. L'équilibre leur est tout aussi fondamental dans les rythmes qui viennent cadencer leurs jours et leurs nuits. Un enfant de 6 ans qui est couché à plus de 22 heures, aura le temps de passer par toutes les nuances de l'énervement, jusqu'à devenir infernal et totalement ingérable.

Il en sera de même si l'exigence obsessionnelle des parents l'oblige à s'astreindre à ses devoirs tard le soir, alors qu'il est épuisé de sa journée (les parents aussi d'ailleurs) et qu'il ne rêverait que d'un moment doux et paisible avec eux. L'accession à l'équilibre, quel que soit le plan sur lequel il doit s'appliquer, n'entre pas dans les compétences d'un enfant, paradoxalement.

Alors qu'il peut faire preuve d'une analyse très fine concernant les améliorations à apporter dans le comportement parental, de lui-même, il est rare qu'il parvienne à savoir s'y prendre pour engager les actions qui vont le mener vers l'harmonie et la stabilité dont il a besoin.

Etrangement, il sent, il voit, il scanne mentalement les désordres. Il a la prescience de l'équilibre qui devrait permettre la résolution des dysharmonies, mais il n'a pas la possibilité d'y parvenir par lui-même. Cette réorganisation et l'amélioration qui en découle ne peuvent provenir que des adultes qui l'entourent.

Terrible dépendance.

L'inconscient des enfants est aussi évolué, si ce n'est plus que celui de leurs parents (il s'exprime plus directement), pourtant cet inconscient est enfermé dans un corps d'enfant et les oblige à respecter une « règle d'or » dans l'organisation psychique des humains :

- ce sont les adultes qui sont censés les élever, ce sont eux les aînés. Cette règle est liée irrémédiablement à notre condition d'humains. Impossible d'y déroger.

Pourquoi ?

Probablement parce que c'est une mesure de sauvegarde de la pérennité de l'humanité. Ce sont les plus matures physiquement, qui peuvent se reproduire et au moins, prendre soin des plus jeunes, sur le plan vital.

Pourtant, l'inconscient n'a pas d'âge, qu'il soit dans le corps d'un nouveau-né, d'un enfant de 3 ans, ou dans celui d'un humain de 40 ou 90 ans, il reste stable dans sa clairvoyance, dans sa connaissance de tout ce qui est vécu de l'intérieur et à l'extérieur.

Ce concept est sans doute difficile à accepter dans notre culture occidentale, pourtant trente années d'exercice de la psychanalyse, de contacts permanents avec les subtilités de l'inconscient humain, de nombreuses cultures différentes, depuis l'époque intra-utérine jusqu'à la fin de vie, m'enseigne encore, chaque jour, combien nous devons rester humbles face aux ultra-compétences de l'Esprit et de l'Inconscient. J'ai lu dans les dires, les dessins, les actes et les regards des enfants, même nouveau-nés, tant de connaissances, tant d'intelligence réelle, tant d'Esprit et tant d'Amour pour leurs proches, qu'il m'est impossible de ne pas transmettre aux parents l'art de les regarder et de les écouter de façon authentique et sincère.

Les signes du burn out chez les pères

Pour les pères, le stress parental s'exprime différemment. Ils assistent, impuissants, au surinvestissement de leur femme avec les enfants dès leur naissance.

Pourtant, ils sont de plus en plus nombreux à s'investir volontiers, à participer avec bienveillance aux soins de leurs bambins et y trouver souvent beaucoup de plaisir. Mais, quel que soit leur investissement, les enfants sollicitent toujours beaucoup plus leur mère. C'est un fait. Elle a été en lien étroit avec eux, pendant neuf mois et cela ne peut que perdurer, par un « effet-bulle », au moins pendant leurs premières années.

C'est en voyant leur femme débordée et à bout de nerfs, qu'ils commencent à perdre pied, eux aussi. La déprime est contagieuse. Surtout lorsqu'ils essaient désespérément d'envoyer des signaux d'alerte qui ne sont pas vus et entendus. Prises dans un tourbillon d'activités et de fatigue, il arrive souvent que même au bord du gouffre, elles s'obstinent à l'omnipotence, se laissant assaillir pour tout et n'importe quoi dans une acceptation masochiste, repoussant un peu plus à chaque demande de l'enfant, les limites qu'ils attendent profondément.

Mais les limites ne viennent pas. Lorsqu'elles arrivent enfin, c'est hors de propos, hors du contexte ou exprimées avec violence ou effondrement, elles sonnent creux et n'ont pas l'impact souhaité.

Les pères face à leur femme déconfite, hirsute de colère ou abattue, tentent parfois de reprendre la main sur l'éducation, mais étrangement lorsque la famille est arrivée à ce point de désordre, on assiste souvent à une sorte de complicité névrotique entre la mère et les enfants. Elle refuse de passer le relais véritablement même si elle semble le réclamer, haut et fort, rejetant la main tendue par leur conjoint et toute intervention de leur part.

Dans une autre stratégie de sabotage maternel inconscient, il se peut qu'elle semble accepter avec soulagement l'aide qu'il veut lui apporter, lorsqu'il intervient avec autorité, mais alors, elle sape aussitôt l'effet escompté en revenant sur le cadrage ou la punition du père, consolidant ainsi son alliance avec l'enfant.

Impossible pour lui de rétablir l'ordre dans sa famille, sans une véritable solidarité entre les deux membres du couple. Cette solidarité-complicité permet de tenir bon, clairement et fermement face aux hyper-sollicitations et sorties de cadres inévitables des enfants.

Si ces tentatives d'éducation en équipe ne sont pas respectées par les femmes, si les pères ne se sentent pas investis par leur confiance, alors ils lâchent prise, baissant les bras, découragés.

Ce découragement se manifeste par une profonde tristesse silencieuse. Ils se jettent à corps perdu dans leur travail ou leurs activités, passent toutes leurs soirées sur internet ou devant la télévision, se perdent dans des sublimations diverses, sport à outrance, politique, addictions.

Souvent désespérés de désirer leur femme en essuyant refus sur refus, ils s'éloignent psychologiquement et affectivement. Le couple qui ignore la faille qui s'installe, ouvre la porte sans se rendre compte, à une relation extra-conjugale réelle ou virtuelle ou tout-au-moins à un détachement dans un « sauve-qui-peut » global. Ces rencontres correspondent le plus souvent au besoin de se recomposer narcissiquement une image plus positive, parfois mise à mal par la fusion mère-enfant anormalement prolongée et toxique.

Les signes somatiques générés chez les pères en burn out parental sont :

- douleurs diffuses,
- céphalées,
- dermatoses, eczéma, psoriasis,
- désordres alimentaires,
- ulcères,
- cancers,
- amaigrissement,
- prise de poids intempestive,
- fatigue chronique,
- troubles du sommeil,
- troubles de l'érection,
- alcoolisme, drogue,

Les signes dans le comportement sont :
- mutisme,
- angoisses,
- comportements addictifs, jeux, sports, achats compulsifs,
- excès en tous genres (travail, sexe, alcool, drogues, dépenses),
- renfermement,
- sentiment de perte de contrôle,
- nervosité,
- agressivité,
- apathie,
- alternance thymique,
- troubles de l'humeur,
- attaques de panique,
- conduites à risques,
- désespoir…

6

Enfants à la recherche de limites

Il est parfois compliqué de concevoir un enfant et l'on tremble à l'idée de ne pas y arriver. Quand enfin, il est là, c'est en faisant une entrée triomphale dans la vie et son arrivée est vécue comme celle du Messie. Pourtant, il va bien falloir se rendre compte, au fil du temps… qu'il sera parfois nécessaire de gronder ce Dieu, de lui apprendre à manger proprement, à marcher, à parler et à se conduire au mieux dans sa famille et en société.
Pour de nombreux parents, le plus déboussolant est de découvrir que ce Dieu se comporte en sauvage !
Compliquée à accepter, cette découverte peut créer un choc dans la géographie mentale du père et de la mère. Certains s'y perdent et préfèrent conserver l'illusion que l'enfant comprendra par lui-même les grands fondements de l'éducation.

Indispensable cadre dans l'éducation des enfants

2 ans : la phase du "non"

Dès l'âge de 2 ans, le jeune enfant commence à intégrer consciemment et inconsciemment le listing de ce qui est permis ou pas par ses parents. Très vite, il intègre les codes sociaux de son groupe et de ses origines culturelles, en observant méticuleusement ce que font les adultes autour de lui. Il mémorise en les intégrant, les règles et les modes de vie qui lui permettront de fonctionner au mieux socialement. Pourtant, les choses ne sont pas si simples à assimiler et si du point de vue cognitif il les incorpore facilement, il n'est pas toujours enclin à montrer sa docilité.

La fameuse phase du NON systématique met la patience des adultes à rude épreuve. Etonnante période qui s'étend de 18 mois à 2 ans et demi, pendant laquelle vous aurez la surprise de voir votre enfant dire Non, pour tout et pour rien, parfois même pour les aliments qu'il aimait manger la veille ou un vêtement qu'il aurait refusé de quitter la semaine passée.

Il refuse d'aller se promener, de jouer avec son jouet préféré, de manger le biscuit qu'il vous a incité à acheter, il tourne la tête avec un NON ferme et définitif, lorsque vous lui demandez d'embrasser sa grand-mère, de s'habiller, d'aller se coucher...

C'est le temps également pendant lequel, vous aussi, vous allez de nombreuses fois par jour lui dire NON. Il apprend qu'il ne doit pas toucher à la télécommande de la télévision, au téléphone, à la tablette numérique de son père, qu'il ne peut pas jouer avec ses excréments dans son pot et encore moins grimper sur la table du salon...

Le NON dans votre bouche devient un instrument de pouvoir extraordinaire, puisqu'il est capable dans les premières années de sa vie, de l'arrêter net, surpris lorsque vous prononcez ce mot mystérieux et fascinant. Il comprend que ce NON est un mot magique qui a le pouvoir de freiner dans l'instant la volonté et l'action.

Votre pouvoir de le stopper dans son geste, grâce à ce simple petit mot, lui semble si extraordinaire que lui vient l'envie d'éprouver, lui aussi, le plaisir de cette étrange puissance. Il interprète cette négation comme l'accession à une formidable prépondérance sur les éléments et sur votre volonté. Profondément, il n'est pas forcément dans l'opposition, mais il tient à vous montrer et à se convaincre que c'est lui qui décide. C'est une période parfois comique, en dépit des énervements dus aux tergiversations, car il peut très bien dire NON et agir docilement tout de même selon la demande de son parent ! C'est aussi l'expression d'une merveilleuse découverte, pour l'enfant : « Je suis Moi. Je suis UN ».

Si cette négation systématique peut parfois être fatigante et agaçante quand il est nécessaire de tout négocier, de tout répéter plusieurs fois avant d'obtenir satisfaction, elle n'est pas forcément la plus difficile à dépasser. Il est important de comprendre pour dédramatiser qu'en dépit des apparences, il ne s'agit pas vraiment à proprement parler d'une phase d'opposition.

Pour plus d'efficacité, vous pouvez par exemple lui répondre : « - Oui, j'ai bien entendu que tu me dis NON, pour aller te brosser les dents, mais si tu le fais vite et bien, nous aurons plus de temps pour dessiner, avant d'aller au lit ». Vous verrez votre bambin se précipiter dans la salle de bains, intégrant un peu plus chaque jour ce rituel du soir.

Ce sera possible justement parce que vous aurez évité la confrontation inutile, en utilisant un contournement intelligent. Vous lui aurez indiqué que vous prenez en compte son « non », mais que vous lui proposez, également, une contrepartie intelligente et agréable pour lui.

Cette expérience qui sera inévitablement renouvelée de nombreuses fois, les occasions ne manqueront pas, permettent à votre petit d'avoir confiance en votre cohérence et en votre autorité tendre mais indiscutable.

Il est en effet plus judicieux de détourner l'attention d'un enfant en bas âge, lors de cette phase. Inutile de se braquer ou de jouer au bras de fer avec lui. Il vaut mieux montrer une autorité incontestable pour des points fondamentaux : le respect aux parents, la sécurité (on ne traverse pas seul et encore moins en courant), on ne frappe pas ses frères et sœurs, on ne le laisse jamais faire du mal à un plus faible. Bien entendu, le tabou fondamental reste l'interdiction absolue de lever la main sur l'un de ses parents.

Les enfants violents avec leurs parents

Lorsque sous les yeux de son père, un gamin de 5 ou 6 ans donne des coups de pied à sa mère, il cherche dans cette provocation magistrale, une réaction, immédiate, puissante, nette et précise de sa part (recadrage fermement et clairement exprimé, punition). Il sait fort bien qu'il a largement dépassé des limites, a priori, infranchissables.

C'est la non-réaction de ses adultes de référence qui le désespère. Si face à ses pulsions agressives, il n'obtient que des ricanements entendus ou de l'inconsistance parentale, il se sent alors perdu. Rien n'aura de sens dans la vie qui lui est proposée.

Débordé par ses pulsions agressives, terriblement angoissantes inconsciemment, il n'aura de cesse de se comporter dans des actes de plus en plus odieux. Ses attitudes volcaniques explosent toujours dans l'espoir désespéré de trouver en face de lui, la puissance d'un adulte assez solide et cohérent pour le ramener à sa juste place d'enfant.

Naturellement, il sait qu'il ne peut pas frapper son père ou sa mère. Il se l'autorise, lorsqu'il sent qu'il n'est pas compris, entendu ou lorsqu'il essaie de tester, jusqu'à trouver les contours d'un cadre et les limites qui lui éviteront de se sentir dilué ou morcelé psychiquement. Le test le plus magistral pour provoquer une réaction tant attendue par l'enfant, est de brutaliser ses géniteurs.

Lorsque cela se produit, il n'y a pas d'autre alternative que d'arrêter net, son mouvement en lui expliquant fermement, que ce qu'il vient de faire est TOTALEMENT INTERDIT, que c'est GRAVE et que ce ne sera JAMAIS TOLÉRÉ. Il sait bien qu'il a gravement outrepassé un tabou et il s'attend à une sanction à la hauteur de la gravité de son geste.

La punition sera avant tout le ton grave, très ferme de son parent, si possible le père et l'isolement de l'enfant dans sa chambre (un moment) pour lui permettre de réfléchir à son acte et pour se calmer. Lorsqu'il sera apaisé, une discussion très sérieuse devra en plus reformuler le cadre, sur un mode incontestable.

Ce problème perdure lorsque les parents ne prennent pas au sérieux ce signe manifeste d'un grand malaise chez l'enfant et qu'ils en plaisantent comme s'il s'agissait d'un jeu. Cela aura inévitablement pour effet de l'autoriser à recommencer, imaginant que ses gestes violents amusent les adultes. Il pense alors que ces gestes interdits et agressifs fonctionnent comme les règles d'un jeu tacite et malsain avec eux.

En frappant sa mère, il cherche à obtenir immédiatement et radicalement une limite très ferme, d'abord précisément de sa mère, mais aussi une réaction de recentrage très ferme de la part du père ou du second parent.

Si son geste reste sans réaction, il ne peut être que dramatiquement déçu et désespéré, car d'un point de vue archaïque, l'enfant a besoin d'une limite ferme du père, face à cette violence interprétée par son inconscient, comme une prise de guerre sexuelle œdipienne, excitante et en même temps extrêmement angoissante.

Ne pas intervenir, c'est lui exprimer tacitement qu'il peut aller plus loin et que son père lui en laisse tous les droits, y compris celui de disposer de sa femme. Vu sous l'angle oœdipien, c'est la pire situation pour un enfant. Et même s'il semble y prendre plaisir, il est mortifié intérieurement sur le plan de la culpabilité et vit un véritable drame psychique gravement préjudiciable pour son équilibre psychologique présent et futur.

Sans ces limites, il se sent livré sans défenses à ses pulsions archaïques de plus en plus agressives et dont il ne voit pas le fond. C'est le père qui impose le respect de la mère chez l'enfant. C'est celui qui permet à la bulle mère-enfant de défusionner. Dans le cas des familles homoparentales, c'est le deuxième parent qui joue ce rôle.

On imagine aisément la difficulté que rencontrent les mères seules qui élèvent leurs enfants. Il leur faut une puissance psychique et une cohérence très charismatique pour instaurer un cadre respectueux à son égard. Mais, heureusement bien souvent, il arrive que la difficulté à élever seule des jeunes, soit compensée par une responsabilisation particulièrement mature de leur part, générant alors une grande solidarité entre l'adulte et les enfants, face à la vie.

Lorsque ce n'est pas le cas, ces mères ne doivent pas hésiter à faire appel à d'autres adultes (grands-parents, oncle, professeur, psychanalyste, pédopsychiatre, psychologue, médecin, ami...) dont l'autorité et le charisme peuvent être d'un grand secours pour aider à recadrer ponctuellement, un enfant débordant.

Le sens de l'empathie pour les autres

Il est primordial de lui apprendre très clairement qu'il est interdit de faire du mal aux plus fragiles ou à l'animal de la maison. C'est le moment clef, où il peut acquérir le sens de l'empathie et de la compassion. Ce qui lui fait du mal, fait du mal à autrui. Derrière cette haute valeur humaine, il va comprendre combien il a également la capacité de faire du bien aux autres, de les aider, de se mettre à leur place. Le retour positif qu'il reçoit en miroir est un baume pour les fondations de son fonctionnement humain, présent et futur.

Rares sont les enfants qui restent insensibles à l'idée qu'ils sont capables de faire du bien, car, en avantage secondaire, ils seront de plus en plus aimés et recherchés par leurs camarades.

Si ses pulsions primaires, le poussent à se laisser aller à des actes parfois sadiques, c'est vraiment le moment le plus sensible pour commencer une éducation de l'empathie, pour une bonne intégration dans le monde des êtres vraiment HUMAINS.

Le laisser en prise à des comportements agressifs et sadiques sans réagir est le plus sur moyen de le conduire à des attitudes barbares qui ne demanderont qu'à s'intensifier plus tard, dans de plus subtiles perversions physiques ou mentales. Mais si vous êtes suffisamment vigilants, attentifs, tendres mais fermes et indiscutables pendant cette tranche d'âge (2 ans 5 ans), il va commencer à intégrer comment se comporter en humain agréable socialement pour lui et pour sa famille.

C'est une période délicate, car il faut éduquer son enfant, sans pour autant entreprendre une guerre de chaque instant, pour les moindres détails, tout en le protégeant des dangers potentiels.

L'adresse psychologique et éducative consiste à lui proposer une illusion de choix possibles (deux éléments dans le choix, pas plus, sinon cela devient trop complexe à gérer pour lui).

C'est également le moment de commencer à lui allouer des mini-responsabilités qui lui donneront la sensation de devenir grand, plus autonome et digne de votre confiance.

Permettez-lui, par exemple, d'éplucher lui-même ses fruits, de mettre ses chaussettes pendant que vous l'aidez pour les autres vêtements, apprenez-lui à ranger ses jouets ; faites-en un jeu avec lui.

S'il persiste dans des négations tonitruantes, feignez de vous désintéresser de la question, en quittant la pièce.

En revanche, dès qu'il revient vers vous, gentiment et plus enclin à accomplir ce que vous lui avez demandé, montrez-lui votre satisfaction par une marque de tendresse et une parole encourageante.

Insister ou se braquer ne servirait à rien durant cette période. En revanche, utiliser l'humour (surtout pas la moquerie, il ne vous le pardonnerait pas), la tendresse, mais également une tranquille fermeté, contribuent à détourner son opposition. Car n'oubliez pas qu'il ne s'agit pas dans cette phase d'une franche contestation. Il s'exerce simplement à expérimenter le pouvoir qu'il vous voit avoir sur lui et sur les éléments. Aucun enfant ne résistera à la tendresse. Une voix paisible, tendre et une bonne dédramatisation sont autant de systèmes qui contribueront à éviter très certainement ses crises et votre montée en pression.

Ne manquez jamais de le féliciter lorsqu'il obéit après avoir dépassé ses pulsions qui le poussent de prime abord à être négatif. Il enregistrera un peu plus à chaque victoire sur lui-même qu'il y a plus d'avantages à réfléchir, à composer avec ses propres pulsions, pour s'adapter aux relations avec les autres, que de s'enferrer dans un NON systématique, insatisfaisant pour lui et pour ses parents.

Lorsque vous sentez l'impatience vous gagner, prenez ces conseils comme des exercices thérapeutiques. Cela vous aidera à mettre de la distance émotionnelle… et ne lâchez pas, ne doutez pas, c'est là votre rôle de parent.

Les périodes les plus délicates

Dans son évolution psychologique et inconsciente, un jeune enfant passe par des périodes de hautes densités pulsionnelles : la phase œdipienne et la phase sadique-anale.

Observons précisément ce qui vient le perturber, pendant ces deux étapes aussi complexes que nécessaires.

La phase œdipienne

Rappelons que cette phase du développement psychique des enfants se situe entre 3 ans et 5 ans. Si, dès la naissance, les deux sexes ont pour premier « objet » d'amour, leur mère, cela va évoluer pour la petite fille puisqu'elle va déplacer cet investissement affectif intense sur son second « objet » d'amour, son père.

Dans le cas des familles monoparentales, si l'enfant vit avec sa mère, ce déplacement d'investissement affectif s'opère la plupart du temps, sur un homme de l'entourage familial. C'est également le cas dans les familles homoparentales. Comme toutes les familles, elles s'insèrent dans un environnement humain plus vaste (oncle, tante, grands-parents, ami de la famille, professeur, voisin, voisine..) et l'enfant, fille ou garçon, saura trouver dans ce cercle élargi le support idéal de son Œdipe.

En ce qui concerne le petit garçon, cette phase se déroule selon un autre schéma.

Son premier et second objet d'amour est et reste la mère.

Son inconscient s'ingénie, d'ailleurs, à lui donner l'illusion qu'elle se trouve dans la même exclusivité affective.

Quelle déception de réaliser qu'il n'est en fait pas seul dans son cœur. Force est de constater que son père (ou le second parent) y tient une place particulière.

Fou d'amour pour elle, le petit garçon boit ses paroles, trouve qu'elle est la plus belle et se lance dans de grandes déclarations d'amour. Au niveau psychique, cette alliance rendue impossible par la présence du père, entraîne chez l'enfant des fantasmes d'élimination du gêneur, mais en même temps, une grande peur de sa vengeance.

Eprouver de tels désirs ambivalents à l'égard de l'un de ses parents, a pour corollaire une culpabilité massive, rendant cette période pénible et éprouvante. En effet, l'enfant très contrarié devient souvent nerveux, colérique, désobéissant, prêt à en découdre, pour tester les limites de ses parents.

Ses rêves sont peuplés de fantasmes où la symbolique sexuelle avec sa mère s'exalte, on ne peut plus clairement. De plus, la période des cauchemars commence en perturbant les nuits de toute la famille. Dans ce genre de rêves, l'enfant est en proie à des monstres armés de couteaux (le père offusqué et castrateur), de sensations d'impuissance (cauchemars, dans lesquels, il se voit minuscule et incapable de se défendre, dans des situations effrayantes et dangereuses (ex : il essaie de courir pour se protéger, mais ses jambes semblent ralenties ou paralysées).

La fillette éprouve les mêmes sentiments fantasmatiques pour son père et la même ambivalence avec sa mère : amour mêlé à l'envie de l'éliminer de la circulation !

Ce paradoxe affectif déclenche, on s'en doute, un trouble important dans la vie psychique de l'enfant. Ses pulsions ambivalentes et agressives n'ont pas d'autres choix que de s'exprimer à travers des comportements de défis et de désobéissance.

Le burn out parental est particulièrement opérant lors de cette période, autant pour le père qui est souvent en proie aux provocations de jeune coq de son fils, que la mère désespérée de ne plus reconnaître sa petite fille, autrefois si proche d'elle et pendant cette phase si défiante et prête à la challenger à la moindre occasion.

Commen dépasser cette phase en douceur ?

Cette phase constitue une des fondations de la construction psychique des petits humains.

Si elle est compliquée à cause des difficultés engendrées par leurs comportements agressifs, leurs nuits peuplées de cauchemars, il est possible de la dépasser avec un minimum de complications. En effet, si le petit garçon se positionne en rival avec son père, il passe en même temps son temps à l'observer et à modéliser son identité sexuelle. Il se rend compte que finalement lui aussi possède un pénis. Un peu inquiet néanmoins en le comparant, à celui de son père (!). C'est pourquoi, ce dernier doit le rassurer en lui expliquant que tout va grandir chez lui aussi, ses jambes, ses bras, ses mains, mais aussi son sexe. C'est déjà une manière rassurante de l'apaiser en le projetant dans sa vie de futur adulte.

D'une manière douce, mais claire et nette, il doit réaffirmer devant son fils, que c'est lui le mari de sa femme. Que l'enfant occupe une place de fils vis-à-vis de sa mère et qu'il ne pourra jamais en être autrement. C'est d'ailleurs précisément ce qu'il désire entendre inconsciemment. Etre bien positionné, à sa bonne place d'enfant, afin de pouvoir évacuer au plus vite ses fantasmes œdipiens.

J'ai reçu des parents catastrophés, car leur petit garçon de 4 ans venait de demander à sa mère : « Alors, quand est-ce qu'on fait l'amour ? » (Et cela, sur le ton le plus serein et le plus convaincu).

Il est très important que les parents aient une attitude sans ambiguïté par rapport à leur fils en phase œdipienne. La mère doit, elle aussi, expliquer à son enfant qu'il est et sera pour toujours son fils et jamais son conjoint. L'enfant a besoin de l'entendre et de le comprendre de sa part.

Il le saisira d'autant mieux si ses parents s'aiment vraiment et se manifestent amour et tendresse. L'intégration de sa position d'enfant, au milieu de deux d'adultes qui s'aiment, sera plus évidente à accepter pour lui.

Son œdipe peut se résorber et cette compétition avec son père prend fin définitivement en interdisant d'une manière irrémédiable, toute relation incestueuse potentielle ou fantasmatique avec sa mère.

Désormais, le petit garçon, beaucoup plus calme, va pouvoir entrer dans une nouvelle phase bien plus pacifique : la phase de latence.

Cette période est beaucoup plus paisible si tout le monde dans la famille a bien intégré sa place, sans débordement. En effet, les jeunes commencent à vraiment se socialiser, à s'intéresser à l'école et aux autres enfants. Ils peuvent se permettre de fixer leur affection, également sur d'autres adultes, le plus souvent une maîtresse d'école, un maître, ou des professeurs.

Cette période plus douce, dure jusqu'au début de la prépuberté vers 10 ans.

Pour la petite fille, la situation est inversée. Vers 3 ans, elle se détache de l'investissement massif dirigé vers sa mère pour se déplacer vers son père ou un autre homme de l'entourage familial. Pendant cette période, elle peut se montrer pénible avec sa mère, exigeante et en opposition. C'est d'autant plus le cas si le père se pique au jeu de cette séduction. Car outre l'aspect malsain de ce comportement hautement perturbateur pour sa future vie sexuelle et affective, il n'aide pas la mère à se faire respecter.

Encore une fois, c'est en montrant à l'enfant à quel point le couple parental est cohérent dans l'éducation, mais également dans l'image d'amour qu'il se porte et dans la complicité partagée, qu'elle pourra assimiler l'idée qu'elle ne sera jamais la petite femme de son père, mais pour toujours, sa fille.

Si le père est cohérent sur ce point, elle se libère de ce fantasme, s'apaise dans ses comportements de séduction avec lui, mais également dans ses provocations et son agressivité avec sa mère. Elle peut donc se tourner elle aussi, vers la socialisation à l'extérieur de sa famille, en investissant l'école, des activités sportives, artistiques et les autres enfants.

Le paradoxe réside dans le fait que les désirs œdipiens des petits, entraînent une terrible angoisse, en plus de la culpabilité qu'ils ressentent pour le parent du même sexe.

Cette angoisse massive est liée à la peur –toujours inconsciente- qu'un véritable passage à l'acte ait lieu.

De plus, il sera difficile pour un être humain de s'attacher plus tard à quelqu'un d'autre dans de bonnes conditions, s'il n'a pas appris à se libérer d'un amour fantasmatique à l'égard de ses parents. Toutes les angoisses reliées au parent en question seront transférées sur le compagnon ou la compagne de vie, avec toutes les difficultés que l'on peut imaginer au niveau libidinal.

Cette digression au pays de l'œdipe, a non seulement pour but d'apporter un éclaircissement aux parents qui vivent en direct cette période souvent difficile avec leurs enfants, mais également de comprendre pourquoi il est d'autant plus important de faire front avec son ou sa partenaire de vie.

Pour les mères ou les pères qui élèvent seuls leurs enfants, la situation est parfois plus complexe pour défusionner. En effet, il faut à la fois assurer l'intégration des points fondamentaux d'éducation, mais également, cadrer, protéger, distraire, rassurer, tout en assurant bien sa place d'adulte.

Le burn out de ces parents est fréquent et se vit dans le silence. Car à la lourdeur de porter toutes les casquettes, s'ajoutent les inévitables moments d'opposition. Ce n'est pas, par exemple, parce que l'on vit seul(e) avec des enfants qu'ils peuvent être autorisés à dormir chaque nuit dans le lit de l'adulte.

La confusion entretenue par le lien trop fusionnel, rendrait l'instauration d'un cadre cohérent trop difficile et ce serait d'autant plus compliqué psychiquement pour permettre à l'enfant d'évacuer le conflit œdipien. C'est pourquoi, il est important dans ce cas, de le laisser dormir dans sa chambre d'enfant. La chambre parentale doit rester sacrée. Ce n'est pas un champ de bataille, ni une salle de jeux.

Le territoire du parent doit, plus que jamais, être un lieu à respecter.

Maryse, seule avec son fils de 5 ans, vit un calvaire quotidien. Elle a tout essayé pour le calmer : l'isoler dans sa chambre (il défonce le bas de la porte à coups de pied), la fessée (il la fait courir dans tout l'appartement, en riant aux éclats), prendre d'autres parents à témoin, le vexer devant ses copains.

Pourtant, il arrive que son agressivité se calme, brusquement, comme retombe le vent après une tempête. Dans ces moments, Maryse essaie de lui parler, mais au moindre retour d'une ébauche de nervosité, elle sent la panique l'envahir à nouveau. « Je sens que je perds les pédales, j'ai peur de ne pas tenir le coup et de craquer. J'ai envie de me sauver ! ».

Le problème provient probablement de cette peur qui l'étreint à la moindre provocation de l'enfant. Elle en oublie qu'il y a 5 ans, il était encore dans son utérus et le voit comme un monstre tout-puissant, lui octroyant un pouvoir qu'il n'a pas vraiment. Avec une extraordinaire finesse psychologique, ces enfants sentent la peur et le manque de confiance des parents.

Le fils de Maryse sait bien qu'il ne peut compter que sur cette mère seule et c'est justement ce qui le terrorise. Cette angoisse déclenche un processus qui peut sembler curieux, mais qui est finalement très cohérent. En effet, en poussant désespérément son parent dans ses retranchements, il essaie de s'assurer de sa solidité à toutes épreuves. Il résiste à l'éventuelle fusion œdipienne, trop angoissante inconsciemment, potentiellement incestueuse dans son fantasme (sans la barrière symbolique d'un autre parent). Double raison pour ne pas le faire dormir dans le lit parental.

Par-dessus tout, il est nécessaire, dans une situation similaire, de reprendre confiance en ses compétences de bon parent apte à instaurer de l'autorité, quoi que dise ou fasse l'enfant. Il a besoin d'entendre que sa mère ou son père est bien son protecteur dans toutes les situations. Il ne faut pas hésiter à faire confirmer ces dires par un thérapeute, le médecin de l'enfant ou un adulte de la famille, masculin si possible.

Chaque semaine, le parent peut faire un point sérieux avec son fils ou sa fille en examinant toutes les évolutions de la semaine (aussi minimes soient-elles) et en indiquant les progrès à réaliser pour la semaine à venir.

Par-dessus tout, il est indispensable de se regonfler psychiquement pour ne pas avoir peur de ce bambin qui se désespère, lorsqu'il sent son parent céder à la panique.

Le regard d'un jeune sur les adultes qui composent son entourage proche est comparable à une caméra infra-rouge combinée à un scanner ! Il voit tout, sent la moindre petite fluctuation dans les comportements. Il suffit du moindre petit désaccord entre ses parents, d'une petite tension, d'une faiblesse, d'une fatigue même momentanée, pour qu'il soit instantanément en alerte.

Si ces moments de fragilité dans le couple ou chez l'un des parents se reproduisent plusieurs fois, ou s'installent, cette alerte se transforme chez l'enfant en angoisse.

Comme nous l'avons vu, cette angoisse va trouver deux canaux pour s'évacuer :

- la voie comportementale,

et/ou,

- la voie somatique.

C'est la voie comportementale qui intéresse particulièrement notre propos, puisque c'est par les désordres de comportements de l'enfant que les adultes peuvent en arriver à ne plus les gérer et à plus être capables de les supporter.

Cette période est vécue sur le versant névrotique chez l'enfant, lorsque s'installent des troubles récurrents venant perturber son comportement en oblitérant parfois gravement la vie et le moral des parents.

La symptomatologie est composée de difficultés d'endormissement, de troubles du sommeil avec un ou plusieurs réveils effrayés dans la nuit. Parfois, l'enfant est en état de somnambulisme lorsque ses parents réveillés en sursaut par ses cris, courent à son chevet. Il peut alors, se débattre, continuer de crier et sembler ne pas les reconnaître tout en continuant son rêve ou son cauchemar, les yeux grands ouverts.

Ces scènes sont éprouvantes et frustrantes pour les parents qui ont l'impression de ne pas avoir de marge de manœuvre pour les endiguer. Rien ne semble les apaiser : tendresse, paroles rassurantes, énervements, cris, rien ne parvient à le calmer. Ce sont en général les parents qui craquent, épuisés par ce genre de séquences nocturnes et qui viennent consulter et alerter sur l'état d'angoisse de leur enfant.

Ces difficultés de sommeil se produisent plus rarement chez les enfants dont les parents s'aiment et le montrent clairement. La place vacante, laissée à l'enfant par un désamour dans le couple, constitue une des causes principales de troubles graves de sommeil pendant cette phase. Car même si l'enfant est bienveillant à l'égard de ses parents, même s'il essaie d'accomplir tout ce qu'il peut pour alléger leur vie et leur quotidien, son inconscient le parasitera toujours pour lui glisser l'idée que la mère serait plus heureuse avec lui, si c'est un garçon et si c'est une fille, elle pensera probablement inconsciemment qu'elle seule serait capable de redonner le sourire à son père.

Toutes ces pulsions représentent autant de tensions internes, totalement insoupçonnées au niveau du conscient, mais néanmoins, capables de déclencher des phobies, les réveils inopinés, les nuits perturbées, des caprices, des résistances et des bravades en tous genres.

Dans cette situation, les parents gagneront beaucoup de temps et d'énergie, en consultant en couple pour évacuer le point de discorde qui désorganise l'ensemble de la famille.

Première crise d'adolescence… A 3 ans !
La phase sadique-anale

La période œdipienne présente la particularité de démarrer enchevêtrée avec une autre phase tout aussi fondamentale et perturbante : « la phase anale ». Bon nombre de parents anxieux sont pris dans une lutte quotidienne avec leur enfant récalcitrant à l'éducation à la propreté.

En effet, ce chassé-croisé d'une demande des parents et de son refus de sortir d'un état délicieusement régressif, déclenche une avalanche de tensions et de découragements dans la famille, mais aussi des débordements de stress quotidiennement réactivés.

Comme son nom l'indique, durant cette phase, les zones qui sont en relation avec l'analité et la fonction intestinale, vont être particulièrement investies autant par l'enfant que par ses parents. Cela sous-entend qu'il va devenir soudain nécessaire de contrôler des organes qui vivaient tranquillement leur vie jusqu'à présent, dans l'évidence. Il suffisait de mettre une couche et de se laisser aller.

Vu sous l'angle de l'enfant, il a l'impression qu'une mouche vient de piquer ses parents. Pourquoi veulent-ils soudain, avec tant d'insistance vouloir changer une situation qui semblait confortable et pour longtemps encore ?!

Le projet de l'entrée à l'école met le feu aux poudres, car il est entendu qu'un enfant qui n'est « pas propre », en d'autres termes, qui ne sait pas encore contrôler ses sphincters ne pourra pas accéder à ce grand symbole des débuts dans la vie sociale : l'entrée en petite section.

La grande inquiétude qui étreint les parents, et surtout les mères, réside dans la panique que leur bambin ne soit pas capable de dépasser la période des couches. Dans un scénario-catastrophe, elles imaginent le pire, dès que la date de l'acquisition présumée, du contrôle sphinctérien, est dépassée. Elles se voient gérer des couches à perpétuité !

Nombreux sont les enfants qui résistent et s'accrochent à leurs couches sous le regard angoissé des parents, voyant arriver la rentrée à grands pas. Médusés, les petits commencent à comprendre qu'il leur est demandé désormais d'être actifs dans l'expulsion ou la rétention de leurs excréments. Par la même occasion, ils découvrent au moins un avantage à cette nouvelle aventure, c'est que ces deux actions physiologiques sont capables de leur apporter une forme de plaisir.

Ils vont donc pouvoir décider par eux-mêmes le type de plaisir qui va le plus les intéresser et pouvoir interagir sur l'humeur de leurs parents.

- Donner (vider)
- Garder (retenir)

Ils découvrent qu'ils sont capables de s'auto-générer du plaisir par le passage de leurs matières fécales dans l'intestin et l'anus. Par la même occasion, ils constatent le pouvoir de déclencher du plaisir ou du déplaisir aux autres, de « donner » (excrément égale un cadeau, d'où la satisfaction des parents, de la mère notamment) ou de « garder » (frustrer les parents).

Durant cette période, les enfants éprouvent le besoin de serrer brutalement des objets (symbolique de la crispation sphinctérienne), mais aussi de brutaliser les autres gamins de la crèche ou de l'école. Les animaux de la famille en font aussi souvent les frais.

Avec les mères, les conflits sont d'autant plus nombreux, car plus ils perçoivent une attente anxieuse (l'entrée à l'école, séjour en vacances collectives, classe verte, colonie), plus ils prendront conscience du pouvoir de les satisfaire ou non et d'user d'un pouvoir de toute-puissance sur la volonté des adultes.

Il est fréquent que l'enfant soit déjà habitué à aller sur le pot ou aux toilettes, mais les résistances sont puissantes.

Comprenons-le, il a saisi qu'un enjeu fondamental semblait se jouer entre ses parents et ses productions corporelles. Lui-même est fasciné par ce que son corps est capable de produire, alors qu'il se voyait si petit, si dépendant, si incompétent en comparaison de ses parents, si grands, si puissants, tellement productifs. En effet, les adultes n'imaginent pas combien ils sont inconsciemment observés par leurs enfants et combien ils leur paraissent puissants, à savoir réaliser tant de choses, à pouvoir décider de leurs actes et de bénéficier, pensent-ils, d'une totale liberté.

Le grand coup de pression pour les parents va commencer dès lors que l'enfant commence à comprendre sa capacité et son pouvoir de leur générer du plaisir ou du déplaisir.

LE POUVOIR.

Le grand mot est lancé. La notion de pouvoir démarre à ce moment-là. Tout va dépendre de l'attitude des parents et de leur capacité à adopter un comportement cohérent, sain et patient.

La grande difficulté pour le jeune enfant est de renoncer à la liberté de laisser couler son urine dans une couche chaque fois que sa vessie en manifeste le besoin, ainsi que de contrôler l'évacuation de son intestin. On lui demande soudain d'aller à la selle sur demande. Quelle révolution !

Mais il doit en plus renoncer à ce plaisir régressif de se sentir mouillé, car aussi étrange que cela puisse paraître pour un adulte, cette sensation régressive est très appréciée par les petits. Le temps n'est pas loin où ils pouvaient se laisser aller en toute liberté dans le liquide amniotique.

Il arrive souvent que l'enfant, ne soit pas prêt pour ce nouvel apprentissage et qu'il entre en résistance contre la volonté de ses parents. Il peut témoigner de son malaise en étant plus triste, revendicateur, capricieux ou agressif.

En consultations, nous voyons régulièrement des mères déprimées par cette phase de résistance et les colères constantes de leur enfant. Ce dernier sent combien cette nouvelle étape représente une attente majeure pour elle et découvre alors cet étonnant pouvoir qu'il détient désormais : rendre sa mère heureuse ou au contraire triste, découragée et insatisfaite.

Plus elle est angoissée quant à l'évolution du contenu intestinal de son enfant et plus il risque de prendre son temps pour évoluer. Au pire, il peut développer des pathologies anales comme l'encoprésie qui est une évacuation involontaire des matières fécales en tous lieux, autres que les toilettes. Mais il peut découvrir également sa capacité à jouer sur ses sphincters dans un symptôme anal qui consiste à ne pas évacuer normalement les matières fécales et à les laisser monter et descendre dans le rectum. Ce fonctionnement auto-érotique (présent également chez les adultes) associe inconsciemment le plaisir à la douleur.

On imagine aisément les conséquences névrotiques qui peuvent en découler pour sa vie libidinale future, sur plan du fonctionnement sadomasochisme, par exemple.

Pour lui, les parents entrent en guerre contre lui et son confort régressif. Aussi, il a l'impression qu'il va devoir se soumettre au dictat de l'adulte, ce qui implique deux types de réactions inconscientes :

- acceptation de bonne grâce, car il est prêt à progresser vers plus de maturité,
- résistance forcenée, avec crises de colère, brutalité à l'égard des parents, des petits frères et sœurs, luttes sur tous les points (à table, pour s'habiller), sadisme, refus de se laver, cauchemars, réveils nocturnes fréquents,
- acceptation, car très contraint par les parents, ce qui peut déclencher une réserve excessive de la timidité, une propreté obsessionnelle, des Tocs (troubles obsessionnels compulsifs), bégaiement, tics, collections d'objets et plus tard, en étant adulte, avarice, parcimonie, avidité, manipulations...

L'agressivité des enfants lors de cette phase est majorée par l'angoisse des parents les incitant parfois à investir cette zone corporelle avec insistance (lavements, laxatifs, questions incessantes sur le sujet), ce qui équivaut à une forme d'intrusion psychique et physique intolérable, entraînant des luttes sans fin.

Cette ingérence est toujours vécue brutalement par l'enfant qui intègre inconsciemment son parent, dans une vision sadique, augmentant les résistances et les problèmes de comportement.

Alors bien souvent, l'angoisse des mères déteint sur celle des pères et le sujet de conversation le plus courant devient : « A-t-il fait ? Va-t-il faire ? Il a fait, mais quand va t-il refaire ?! ».

Ce problème passera plus facilement en douceur en laissant un pot dans sa chambre, en lui mettant pendant quelques jours une couche-culotte qu'il pourra aisément enlever lui-même et en lui expliquant qu'il saura très bien sentir le moment d'aller faire ses besoins. Il est important de lui montrer que le pot (qu'il aura choisi lui-même) est un objet complice qui va aider à devenir grand, puisqu'il va pouvoir bientôt pouvoir se passer des couches.

En général, les enfants sont sensibles à cette promotion.

Vous pourrez installer près du pot un panier contenant des livres, quelques jouets et un paquet de lingettes qu'il aura plaisir à utiliser comme un objet de promotion, vers plus d'autonomie. Responsabilisez-le en lui expliquant que vous ne lui poserez plus de questions sur ce sujet et que vous lui faites confiance. Le plus difficile sera de vous y tenir et réellement de ne pas le surveiller.

Il est fondamental de ne pas céder à la pression des amies, de l'école, de la famille. Votre enfant saura très bien vous donner des signes tangibles du moment où il sera prêt à retirer les couches.

Mais dès qu'il vous donnera le signe que c'est le bon moment pour lui, ne loupez pas l'opportunité par commodité (par exemple : peur qu'il mouille son lit, préférer attendre l'été, les vacances). Il le vivrait comme une incohérence qui le ferait régresser pour plusieurs mois.

Il va être important de lui montrer les avantages à utiliser un pot ou les toilettes plutôt que les couches. Mais comment lui insuffler l'idée qu'il va falloir, en plus, attendre le bon moment pour libérer la pression de sa vessie ou de son intestin, plutôt que de les laisser aller comme avant, dans une couche ? Autrement dit, comment lui « vendre » un concept qui n'a rien d'agréable au premier abord, tout en évitant des crises de nerfs, les colères et frustrations de part et d'autre ?

Trois motivations vont avoir de l'impact sur son évolution :
- le plaisir d'apporter du plaisir à ses parents,
- le plaisir d'une récompense, (un autocollant avec ses personnages de dessins animés préférés, un petit livre,..),
- le plaisir de se sentir plus autonome, en d'autres termes : de ne plus être un « bébé ».

Le pouvoir de rendre ses parents heureux

Nous avons vu plus haut qu'en découvrant le pouvoir d'apporter du plaisir ou pas à ses parents et notamment à sa mère, l'enfant traverse une période difficile. En effet, son comportement peut devenir extrêmement hostile, résistant et intolérant à l'éducation, transformant la vie quotidienne en enfer, loin de l'idée angélique fantasmée par les parents avant son arrivée.

C'est le cas lorsqu'un jeu névrotique s'installe. Le comportement qui provoquera le glissement d'un simple fonctionnement infantile tout à fait normal sur un versant névrotique, sera produit par le déséquilibre émotionnel des parents, particulièrement celui des mères.

Il n'est aucunement question de culpabiliser une fois de plus les mères, qui font, la plupart du temps, tout ce qu'elles peuvent et plus encore. Mais rappelons que ce sont elles qui fabriquent un être humain avec leur propre corps et que cela induit un rôle et un investissement particuliers.

Mères, arrêtez de culpabiliser, ce n'est pas de votre faute, dont il est question, mais bien de la conséquence du lien.

Alicia, 31 ans, mère d'un petit garçon de 3 ans, était venue me consulter inquiète d'une fixation qu'elle observait, impuissante, dans son comportement avec son fils.
Il refusait haut et fort d'aller sur son pot et encore plus dans les toilettes. Elle passait son temps à vérifier la présence de matières fécales dans sa couche.
L'enfant le vivait comme une intrusion insupportable dans son intimité et le manifestait violemment en hurlant, en lui donnant des coups et par une opposition permanente. Il continuait pourtant inconsciemment à encourager son manège, en refusant de retirer sa couche.
Un jeu névrotique s'était instauré entre eux et il aurait pu durer encore quelques années.
Elle vint consulter seule, sans son fils et put parler de sa propre enfance. Elle fut surprise et bouleversée de se souvenir d'un élément qui avait échappé à sa mémoire.
C'était un « détail ». Et quel détail, puisqu'elle se souvint que sa mère avait raconté sur le ton de la plaisanterie, lors d'un repas de famille, qu'elle avait dû attacher sa fille au pied de la table, sur son pot, afin de « faire son éducation » à la propreté et éviter ainsi qu'elle ne se lève trop vite !
Stupéfaite par cette information traumatisante, elle s'était empressée de l'oublier, pour éviter de souffrir et surtout d'en vouloir à sa mère. Cependant, quelques années après, ce souvenir n'a demandé qu'à se réactiver symboliquement par sa confrontation avec son fils, sous prétexte de son éducation à la propreté.

Là où l'inconscient est d'une incroyable subtilité, c'est qu'il a évité la reproduction du fonctionnement de sa mère, trop simple et trop flagrant pour lui. Il le métamorphosa en une variante obsessionnelle liée à l'éducation sur le pot de son propre enfant : aller vérifier sa couche à tout bout de champ !

En s'autorisant à exprimer sa tristesse sur cet épisode si soigneusement rangé dans les oubliettes de sa mémoire, elle comprit le glissement transférentiel qu'elle avait opéré sur son fils et cessa le jour même son attitude intrusive. Elle me téléphona trois jours plus tard pour me dire qu'il avait décidé d'aller tout seul aux toilettes en disant « Adieu » à son paquet de couches.

Encore une fois, je tiens à rassurer les mères et les pères anxieux de ne pas voir leurs enfants être « dans les temps ». Chacun est unique et possède ses propres rythmes. Il faut cesser de penser qu'il est indispensable d'entrer dans des cases normées depuis la naissance jusqu'à la fin de la vie.

Moins les parents se polariseront et surtout feront un drame chaque fois que leur enfant n'entre pas dans les standards et plus vite il dépassera ces phases difficiles.

Entendons-nous bien, il ne s'agit pas de se désintéresser de ces évolutions si importantes, mais au contraire d'y veiller avec délicatesse et discrétion. Vos encouragements lui montrent combien vous lui faites confiance. Expliquez-lui que vous savez qu'il va lui être tout naturel de passer à une autre étape dans quelque temps. Lorsqu'il le sentira, cela deviendra très facile.

Et la satisfaction qu'il ressentira lors de cette avancée sera largement à la hauteur de la vôtre !

Pendant la phase œdipienne, le petit garçon est souvent angoissé d'aller aux toilettes et de voir ses matières fécales dans le fond de la cuvette. Cette vision active une angoisse très archaïque. Cette partie de lui, évacuée, représente notamment un pénis. On imagine l'angoisse de bon nombre de petits garçons en proie à une terreur de voir avec consternation une partie de leur corps dans le fond de la cuvette des toilettes ! Ce phallus est, pour lui, en danger sur le plan inconscient, puisqu'il est en pleine période œdipienne, c'est-à-dire, en concurrence avec son père, qui dans son imaginaire, n'a qu'une envie : le castrer.

Si le petit garçon manifeste ce genre d'angoisse et de phobie, ce n'est donc pas le moment de demander à votre compagnon de l'accompagner aux toilettes, mais au contraire plutôt d'utiliser le pot, de le laisser tranquillement jouer ou lire pendant ce temps, de dédramatiser ce moment, en lui montrant qu'il n'y a aucun danger, qu'il peut prendre tout son temps. Avec votre aide, il pourra ensuite déposer « religieusement » (et non pas jeter) le contenu de son pot dans les toilettes en disant « au revoir » à ses matières fécales et c'est lui qui appuiera sur le bouton de la chasse d'eau.

Ce cadeau qu'il offre à ses parents doit être pris en compte avec délicatesse, mais sans démonstration de joie hystérique.

Pour résumer, il sera capable de « ranger » ses comportements agressifs, issus de la phase anale, si ses parents sont capables d'éviter les fixations, les intrusions psychologiques, les rabâchages, les menaces et humiliations, ainsi que les indélicatesses verbales et physiques.

Les crises lors des repas

S'il est un moment générateur de crispations et de stress avec les enfants dans de nombreuses familles, c'est bien le temps des repas. Par la quotidienneté de la réplique des scènes « électriques » qui sont rejouées par les petits, mais également par les adolescents, nombreux sont les parents qui en arrive à se désespérer de la zizanie régnant dans leur famille.

Quels enjeux peuvent se concrétiser par le passage autour d'une table familiale ? Pourquoi tant de luttes et de tensions, dans un moment, où grands et petits devraient se réjouir de partager un repas ? Pourquoi, est-il nécessaire de battre le rappel plusieurs fois avant de voir arriver des gamins désabusés, traînant les pieds ou peu disposés à participer avec plaisir à ce moment ?

Ces comportements négatifs sont spécifiques des enfants de nos sociétés. Mais pourquoi résistent-ils à venir à table et à se réjouir du repas, comme s'il s'agissait d'ingérer une purge ?

- ils n'ont pas le temps, ni le loisir d'exprimer un désir, puisqu'ils sont assurés pour une grande majorité, d'être rassasiés (quelle que soit la qualité des aliments ingérés) régulièrement.

Ce point nous semble une évidence. C'est pourtant loin d'être le cas, dans de très nombreux pays de cette planète, dans lesquels les enfants ne font jamais de crise à table (et seraient d'ailleurs ébahis de savoir que cela existe) pour ne pas manger tel ou tel aliment. Pour des millions d'enfants dans ces pays, la grande question est au contraire, de savoir si au moins, un repas sera possible dans la journée.

- ils sentent souvent un enjeu malade dans l'hyper investissement de leur mère ou de leur père, concernant le contenu de leur assiette. Du coup, le plaisir de manger n'est pas au rendez-vous, puisqu'il ne s'agit pas de découverte de nouveaux goûts ou de nouvelles consistances, mais plutôt d'une obligation à se remplir vite et bien, apaisant souvent ainsi l'anxiété des parents et en finir au plus vite avec ce qui semble être une corvée pour tout le monde.

Pourtant, dans le fond, très rares sont les enfants qui ont réellement une aversion pour la nourriture, si ce n'est dans les cas de névroses déclenchées en miroir à celles des parents, ou de certaines psychoses. Naturellement, tout le monde éprouve du plaisir à manger, à se nourrir, à découvrir des parfums, des goûts et des consistances.

Manger est une fonction vitale tellement naturelle et indispensable qu'elle ne devrait pas être associée à du pathologique. C'est l'acte d'incorporer des aliments qui pose souvent problème.

Si les parents projettent tant d'importance à la fédération d'une famille autour d'un repas commun, au moins une fois par jour, c'est sans doute parce qu'il s'agit d'une des rares occasions, dans nos sociétés actuelles, de réunir tout ce qui a été éparpillé dans la journée : le lien affectif et de la possibilité de passer du temps ensemble.

Mais l'incorporation d'aliments, souvent encore préparés par la mère, n'est jamais neutre. Dans l'acte d'absorber une denrée venant du monde extérieur, tout aliment par son incorporation est voué à une forme de violence et de destruction (la mastication, la digestion, l'évacuation). Toute la palette des sentiments humains primaires agressifs, se rejoue le temps d'un repas.

Même pour les êtres les plus civilisés et policés, l'ingestion d'aliments réveille, au niveau archaïque, des sentiments primaires plus ou moins agressifs :

- envie,
- jalousie,
- protection de sa pitance, contre autrui, lui-même vécu comme un danger potentiel, capable de dérober une part de la nourriture,
- protection de son territoire...

Bien entendu, l'évolution et la maturité ont pour objectif, entre autres, de modérer grandement ce type de sentiments et de comportements belliqueux, présents massivement chez les enfants, pour muter, idéalement, vers la générosité et le sens du partage. Un des nombreux objectifs de l'éducation est justement de domestiquer ces pulsions agressives, notamment lors des repas.

Pour un enfant (mais aussi pour de nombreux adultes), la nourriture est particulièrement reliée au comblement affectif par la mère. A la moindre défaillance de celle-ci, au moindre déséquilibre psycho-affectif, la réponse se manifestera par :

- trop manger : incorporer symboliquement et avec avidité, le corps maternel et donc, par extension, l'amour manquant ou défaillant de la mère,
- refuser la nourriture : rejet de la mère, rejet ou « chipotage » de cette nourriture affective maternelle, symboliquement non-adéquate ou insuffisamment dispensée,
- jouer avec les aliments : essai de dédramatisation autour des aliments, mais parfois aussi essai de manipulation des sentiments et des émotions des parents.
C'est le cas lorsque les enfants sentent trop d'enjeu symbolique autour de ce qu'ils incorporent,
- les jeter : rejet de la mère ou du père, ou d'une situation familiale problématique,
- envier ce qui se trouve dans l'assiette du frère ou de la sœur : qui symbolise un empiètement sur sa part d'affection, qui devrait lui revenir, selon lui.

Les repas de midi posent en général moins de difficultés, puisque les enfants sont en crèche, en nourrice ou à la cantine de l'école, donc absents du regard de leurs parents et de l'enjeu affectif avec les autres membres de la fratrie. Mais, après une journée à courir, à travailler, à accumuler du stress, à la problématique symbolique de l'incorporation, s'ajoute la tension qui accompagne la préparation des repas. Il est inutile de vouloir être héroïque en passant encore une heure dans la cuisine à organiser un repas sophistiqué, avec des enfants fatigués et affamés qui s'énervent en faisant monter la pression, chez leurs parents au bord de la crise de nerfs.

Comme nous l'avons vu, les jeunes enfants, jusqu'à l'âge d'une dizaine d'années, ont besoin de diner tôt pour avoir le temps de faire redescendre la pression de la journée, avant l'extinction des feux.

Leur besoin de sommeil est important et il est inutile de les laisser veiller, sous peine de les voir se transformer en piles électriques, ingérables et insupportables.

Le grand dilemme réside précisément dans le fait que de nombreux adultes ne rentrent pas de leur travail, avant 20h30 ou plus tard encore. Leur désir de partager un temps de la soirée avec leurs enfants est légitime, mais dans ce cas, on ne pourra pas faire l'économie d'agitation et d'énervements, excepté pour les plus résistants à la fatigue. Les faire attendre aussi tard pour dîner avec eux, implique de puiser un peu plus sur leurs forces, en entamant leur temps de sommeil et leur capacité de concentration pour le lendemain.

Pour éviter, chaque soir, que le moment du repas ne tourne au pugilat et à la foire d'empoigne, il est déjà préférable, lorsque c'est possible, de tout mettre en œuvre pour rentrer plus tôt.

Il peut également être plus avantageux au niveau du stress évité, de demander à la nounou de les faire dîner et si vous rentrez suffisamment tôt, de prendre le dessert avec eux.

Le plus important pour eux est de pouvoir passer un moment de douceur et de tendresse avec vous. Ce n'est pas concevable si vous rentrez épuisé(e) de votre journée, pour courir comme une fourmi affolée, dans la cuisine.

Le rythme de vie de nos contemporains est tellement fatigant et demande un investissement si important sur de nombreux paramètres, qu'il est vain de vouloir pousser ses forces physiques et psychologiques jusqu'aux limites.

Avec un peu d'organisation le week-end, il est possible d'éviter le stress de la préparation des repas les soirs de la semaine.

Pour éviter les tensions et les luttes inutiles, restez dans la simplicité en ce qui concerne les repas des enfants. Il est vain de vouloir faire une éducation des goûts subtils, le soir lorsque personne n'est réellement disponible mentalement, mais en revanche, beaucoup plus avantageux, de réserver ces moments de découvertes gustatives, pour les week-ends et les périodes de vacances.

Ce sont les expériences dans la bonne humeur et la décontraction qui laissent de beaux souvenirs de ces moments de privilège autour d'un nouveau plaisir gustatif.

Pour éviter de monter en pression face à un gamin qui refuse d'avaler une bouchée du bon petit plat préparé héroïquement par un parent déjà au bout de ses réserves d'énergie, il est inutile de faire une fixation sur ce qu'il absorbe ou pas.

Il ne doit pas exister d'enjeu autour du dîner. On ne montre pas ses compétences parentales en s'acharnant pendant une heure face à un enfant qui refuse de manger. Il ne ferait que garder de ces repas des souvenirs pénibles, lors desquels aucun réel plaisir n'aura existé, si ce n'est de la contrainte et du ressentiment à l'égard de parents, vus dans ces moments, tels de sadiques tyrans. Nous sommes loin, dans ce cas du but initialement recherché, par le partage d'un repas familial.

Pour autant, il est peu judicieux de lui jeter le fatidique « si tu ne manges pas ton plat, tu n'auras pas de dessert ! », car en général, c'est le cadet des soucis d'un bambin trop fatigué, énervé et sûr d'être bien nourri par ailleurs. Il suffit de lui dire sur un ton tranquille et détaché, que ce n'est pas grave, qu'il est fatigué, vous aussi et que demain, il fera jour...

La dédramatisation est de toute évidence la réaction la plus efficace et économique pour éviter du stress. Moins l'on montre son angoisse, sa déception et sa colère à ne pas voir sa nichée apprécier le repas à sa juste valeur, et moins les résistances et mauvaises habitudes vont pouvoir s'enraciner dans des rituels pénibles.

On ne devrait jamais avoir à supplier un enfant pour venir à table et encore moins le prier de bien vouloir manger. En revanche, très jeune on peut l'habituer, avant de se lever de table, à remercier la mère ou le père d'avoir préparé un repas.

Ce simple « merci maman » ou « merci papa » remet les choses à leur place :

- les parents sont remerciés d'avoir travaillé pour permettre ce confort de vie,
- également pour s'être donné la peine de préparer un vrai repas et non pas d'avoir ouvert un simple paquet de céréales.
- les enfants sentent inconsciemment que manger n'est pas un acte banal et sans importance,
- ils intègrent les rôles et les places de chacun, adultes et enfants,
- c'est une bonne habitude de courtoisie qui leur servira également dans leur vie sociale future.

Se mettre à table ensemble est un acte social et affectif fondamental très symbolique.

Très jeune, il est nécessaire d'apprendre à respecter ce temps de partage. Le manque de fermeté sur ce point, fait le nid à des années d'énervements pendant le temps de l'enfance et deviendra un enfer lors de l'adolescence.

Lorsque je parle de fermeté, il n'est pas question, ni d'un ton brutal, ni de mauvaise humeur.

Il existe une manière de dire les choses aux enfants, sur un ton clair, calme, mais **indiscutable**.

Pour cela, il importe que les parents soient convaincus de la justesse et du bien fondé de leur intervention, sans se laisser parasiter par de la culpabilité mal placée.

Ce manque de fermeté est bien plus préjudiciable à court et à long terme pour les enfants de tout âge, que l'application d'un cadre clair, évident et indiscutable. Le conflit provient la plupart du temps d'un décalage entre le principe de plaisir, tout-à-fait normal et présent chez tous les humains depuis leur naissance et le principe de réalité, qui s'acquiert en grandissant. Les enfants, découvrent par l'aide de l'éducation de leurs parents, mais également de l'école, des règles de vie avec les autres et intègrent l'idée de savoir s'adapter à de multiples situations. Il n'est pas possible de combler, au moins dans l'instant, tous ses désirs et tous ses plaisirs.

Pour « bien grandir », c'est-à-dire, être en capacité de s'adapter et de s'intégrer à la société, tout en s'épanouissant, il est indispensable d'acquérir ce principe de réalité.

Les grandes difficultés d'éducation de ces deux dernières décennies proviennent en partie du fait que les jeunes parents ont été eux-mêmes, éduqués dans un contexte où l'on découvrait la joie et l'ivresse de la disparition des contraintes familiales et sociales. Après des siècles de carcan, les années 70 ont apporté une allégresse, un désir de vivre en toute légèreté et sans contrainte.

L'éducation des deux générations suivantes, impactée positivement par ces nouvelles donnes, souffrent néanmoins de débordements. Car, comme pour tous les mouvements de balanciers sociaux et psychologiques, aux progrès acquis se mêlent des excès, liés aux mauvaises interprétations des divers courants d'éducation.

Nous recevons de nombreux adultes en dépression, totalement débordés par des enfants ingérables et lorsque l'on creuse un peu dans leur enfance, on se rend compte qu'ils ont été souvent totalement livrés à des parents trop autoritaires et castrateurs. Leur enfance leur a laissé de si mauvais souvenirs qu'il n'est pas question pour eux d'appliquer la moindre autorité, tant cette notion est entachée, par ce qu'ils ont vécu dans leur propre histoire.

A l'inverse, d'autres de ces adultes en dépression liée au burn out parental, racontent, la solitude et la sensation de désertion de leurs parents, pendant toute leur enfance.

Ils grandissaient seuls et livrés à leurs pulsions, avec des adultes totalement permissifs, inconsistants, se moquant bien souvent de leurs débordements et les laissant se débrouiller pour trouver eux-mêmes, des limites.

Le paradoxe est encore plus pathétique car lorsqu'en thérapie, l'on essaie de leur expliquer combien ils gagneraient à instaurer un cadre plus précis et plus ferme, on les voit se refermer dans le doute et l'incrédulité. Epuisés d'avance et dubitatifs quant à leurs compétences pour faire bouger les choses, ils ont jeté l'éponge depuis longtemps et d'une façon masochiste et ne peuvent que constater les dégâts de leur éducation laxiste.

Vu sous l'angle inconscient de la rationalisation, ils ont tellement intégré l'immobilisme de leurs parents, dans leur enfance, comme étant un modèle irrécusable, qu'ils n'imaginent pas même s'ils souffrent de la situation, qu'il leur soit possible de faire autrement. Cela reviendrait à remettre en question tout le modèle éducatif ou non-éducatif de leur enfance pour opérer une relecture trop culpabilisante du fonctionnement affectif de leurs parents. Par leur prise de conscience, ils risqueraient de réaliser, qu'ils n'ont pas été suffisamment encadrés, protégés et peut-être, aimés. Ce qui est totalement insupportable et inacceptable au niveau de l'inconscient.

Afin d'éviter ce désagrément psycho-affectif, ils sont conduits tout naturellement à reproduire le même type d'éducation ou de non éducation (mais au final, la non éducation est une forme d'éducation) avec leurs propres enfants. Si l'on essaie de leur suggérer un peu plus d'autorité et de cadre avec les enfants qu'ils décrivaient tels des bourreaux quelques instants plus tôt, la puissance de l'injonction psychique à ne pas remettre en cause la qualité de l'affection reçue, les oblige à adopter en défense, une réponse comportementale verrouillée et pessimiste.

Les devoirs du soir ou le rituel du pugilat

Dès les premiers jours au CP, les devoirs font leur entrée en scène, parfois pour la plus grande joie des enfants, fiers de montrer ce qu'ils ont appris dans la journée. Le travail du soir est alors vécu par eux comme la preuve d'une promotion et ils montrent un entrain joyeux, à l'idée de revoir les lettres apprises ou de réviser une poésie.

Mais il arrive également fréquemment que ce passage de la grande section au CP, ne soit pas accepté de gaité de cœur. Nostalgiques de la maternelle, tout leur semble alors plus difficile : s'adapter aux temps d'apprentissage, à la station assise, aux consignes plus précises qui leur sont imposées.

Lorsqu'ils sortent de classe, il est alors très compliqué de les remettre au travail à la maison, pour revoir une leçon. Ce problème est valable pour tout le temps du primaire, mais aussi du collège.

Le travail du soir devient un enjeu important pour les parents et surtout pour les mères qui s'en chargent, souvent en première ligne. Les pères sont, en général, moins angoissés dans ce domaine ou posent dans un premier temps, les questions rituelles telles que : « Qu'as-tu fait à l'école aujourd'hui ? ». Les enfants n'aiment pas répondre à ce genre de questions et se contentent de bredouiller quelques vagues explications.

Les mères pourraient se contenter de faire confiance au personnel enseignant et à l'enfant, comme c'était le cas jusqu'aux années 70-80. En effet, rares étaient les parents gérant avec assiduité les devoirs. Il était entendu qu'ils se chargeaient du confort de la vie quotidienne, grâce à leur salaire et donc que tout ce qui concernait le travail scolaire restait l'apanage des enfants. Ils n'avaient pas besoin d'être stimulés ou surveillés et se débrouillaient souvent seuls, également en cas de difficultés.

Alors, que s'est-il passé depuis, pour que la vie scolaire des enfants se soit transformée en un tel enjeu ? L'excès de cet investissement autour des devoirs est si crucial qu'il n'est pas rare d'assister à de véritables psychodrames familiaux, très ritualisés, car régis selon un scénario quotidien, souvent prévisible tant il suit une trame névrotique attendue.

Les difficultés économiques de ces trois dernières décennies ont considérablement contribué à augmenter les anxiétés concernant l'avenir professionnel.

Trouver un emploi et le garder confine à un challenge quotidien, pesant sur le stress et l'inquiétude de pouvoir assurer un niveau de vie et un confort durable à sa famille. Le but suprême est d'avoir un bon travail, traduisez : un emploi sécurisant et rémunérateur.

Faut-il trouver dans cette inquiétude la raison du développement du nombre des enfants programmés, dès la petite section, pour composer les graines présumées des futures élites des grandes écoles.

Si Nicolas, 6 ans, dit : « Plus tard, je serai gardien de moutons », ses parents traduisent immédiatement : « il ne faudra pas louper son inscription à l'école vétérinaire ! ».

Si Angela claironne « J'ai opéré mon nounours», il sera entendu : « Cette petite fera médecine, il ne faut pas laisser son intérêt flancher avant le concours d'entrée en première année ! ».

Pour les mères, tout est plus compliqué, dès que l'enfant accède à l'école. En effet, elles se sentent non seulement responsables de leur l'intégration scolaire, mais également de leur entrée dans l'arène sociale. Dès la petite section, un petit fait son entrée dans le monde, il monte incontestablement sur scène et par ce fait, quitte l'intimité de la bulle maternelle. On va LE voir, LE comparer aux autres, ses performances vont être analysées, décryptées, évaluées, calibrées. Impossible pour les parents et surtout pour les mères de rater l'entrée de leur bambin sur le tapis rouge de la grande scène scolaire.

Leurs résultats, sous les appréciations et le jugement des enseignants, vont impacter brutalement l'image qu'elles se font de leurs compétences maternelles. Si les évaluations sont bonnes et dans la norme, tout va bien, la bonne image maternelle est préservée. Mais il suffit que le professeur fasse une remarque sur les dernières notes obtenues, pour que leur estime de soi descende en chute libre, remettant en question leurs compétences d'éducatrice, l'intelligence de leur progéniture, des souvenirs de leur propre scolarité, le manque d'investissement éventuel du père, d'une déception quant à la réussite globale de leur vie...

On imagine le poids que porte un enfant sur ses épaules en entrant à l'école. Il est responsable de la bonne image maternelle et parentale. Par la même occasion, il s'engage à les rendre fiers de lui, mais aussi d'eux-mêmes et ceci pour les vingt ans à venir.

On peut comprendre leur désenchantement, lorsque leur angelot ne se comporte pas avec l'enthousiasme scolaire espéré. L'image de l'enfant parfait commence à s'écorner, d'autant plus s'il s'ingénie à s'arc-bouter dès que l'un des parents s'escrime à vouloir lui faire la classe le soir.

Les parents de Jules, 8 ans, étaient venus consulter, affolés par l'ampleur de leurs débordements, chaque soir au moment des devoirs.

Le scénario était immuable : Manon la mère, rentrait de son travail en courant. Elle avait décidé de suivre de près le travail scolaire de son fils, après avoir été sermonnée comme une petite fille par le professeur, qui d'un œil sévère lui avait asséné que l'enfant devait être « suivi » de près, au moins une heure par soir, pour ses devoirs.

Manon, honteuse des résultats de son fils, ne se l'était pas fait dire deux fois. En rentrant à plus de 19h, la première question qu'elle lui posait était invariablement : « As-tu fait tes devoirs ? ». L'inconscient de l'enfant, comprenant l'enjeu et le besoin de sa mère de jouer à l'institutrice à son tour, lui faisait répondre rituellement : « Je n'ai rien compris, je n'y arrive pas ! ».

Sans prendre le temps de se détendre de sa journée et sans permettre à Jules de lui parler d'autre chose, elle commençait à lui expliquer les exercices avec de grands efforts de patience. Mais, peu à peu et selon un scénario très ritualisé, elle sentait monter une sourde colère se terminant inévitablement en pugilat, face à ce qu'elle prenait pour de la mauvaise volonté.
A bout de nerfs, elle finissait par lui jeter les livres et les cahiers au sol, déclenchant immanquablement les larmes du gamin effrayé. Le père rentrait après 20h. Lorsqu'il voyait sa femme dans un tel état de déconfiture, il s'ingéniait alors à reprendre en main son garçon récalcitrant. Et ils repartaient pour une heure de devoirs, avec un Jules épuisé, le cerveau verrouillé, pleurant, sous les éclats de ses parents déprimés et découragés.

Ce scénario se duplique dans de très nombreuses familles, accentuant l'épuisement parental et la déprime des enfants. Pourtant, en modifiant certaines données comportementales, il est tout à fait possible d'éviter ces psychodrames quotidiens qui font imploser le moral des parents jusqu'à la violence, des injures et des comportements de rejet, engendrant culpabilité et accablement.

En analysant son comportement lors de nos consultations, Manon se souvint de l'extrême exigence que son père avait fait peser sur elle lors de sa scolarité. Brillant ingénieur, il avait été consterné face au blocage de sa fille en mathématiques.

Chaque soir, il revisitait avec elle tout le programme scolaire de la journée, en y ajoutant quelques exercices de son cru. Ses efforts auraient pu être bénéfiques, s'il ne s'était pas ingénié à faire les cent pas derrière elle, en l'injuriant et en la traitant d'idiote, dès qu'elle ne répondait pas assez vite.

De sa scolarité, elle ne retenait qu'une aversion pour l'école. Quant à son père, il avait fini par se désintéresser d'elle en lui jetant un définitif : « Tu ne feras jamais rien de bien ! ».

Cette phrase résonnait encore en elle. Piquée au vif, elle avait travaillé jour et nuit pour réussir ses études et accéder à un poste de haut niveau dans une multinationale, sans pour autant gagner l'estime de son père.

Cette douleur non digérée et jamais évoquée avant nos consultations, avait trouvé un exutoire de choix, dès que son fils fut en âge de démarrer sa propre scolarité.

Quel enjeu ! Son inconscient lui glissait à l'oreille qu'elle avait peut-être encore une chance d'être reconnue et de satisfaire son père à travers les bons résultats de son fils.

Mais l'inconscient récalcitrant de Jules n'entendait pas lui laisser jouer le rôle de faire-valoir et avait organisé une rébellion. Si Manon n'avait pas réalisé l'urgence de changer ce système, tout en comprenant ses rouages profonds, son fils aurait reproduit à son tour et pendant toute sa scolarité, les mêmes difficultés.

Et la chaîne névrotique infernale aurait pu se perpétuer ainsi sur plusieurs générations.

Elle lui parla de ce qu'elle avait vécu dans sa propre enfance et lui expliqua qu'elle avait reproduit involontairement, les seuls comportements qu'elle connaissait dans le domaine des devoirs scolaires. Elle reconnut la peine qu'il avait dû ressentir, lors de ses éclats et lui assura qu'elle lui accordait désormais toute sa confiance pour gérer lui-même son travail. Il suffirait qu'il demande de l'aide, pour qu'ils cherchent ensemble et tranquillement, les explications aux exercices demandés.

En lui exprimant combien elle l'aimait avant tout et combien ses résultats scolaires n'auraient jamais aucun impact sur cet amour, elle mettait un point final à la transmission générationnelle de ce symptôme névrotique.

Dorénavant, elle rentrait toujours à la même heure, mais pour prendre le temps de se détendre. Jules s'était mis à travailler à son rythme, prenant goût à l'école, encouragé rapidement par ses premières bonnes notes.

Dès que les enfants commencent leur scolarité, tous les parents pleins de bonne volonté, désirent avec enthousiasme les aider. Cependant, il faut en convenir : ce n'est pas leur métier.

Les méthodes et consignes changent à la vitesse du son, compliquant et rendant parfois impossible le pont entre ce que l'enfant apprend chaque jour et ce dont ses parents se remémorent, pensant avoir de bien meilleures méthodes de travail que celles des professeurs.

Cela contribue juste à embrouiller un peu plus la compréhension et les capacités cognitives de leurs enfants.

Par ailleurs, en dépit d'une bonne volonté, les parents ne désirent véritablement qu'une chose : que les devoirs se fassent vite et bien afin de passer à d'autres activités du soir !

Quel adulte face à refus de son gamin, n'a pas terminé ou rédigé en intégralité l'exercice de grammaire, la rédaction ou l'exposé du réfractaire ? Il faut bien l'avouer, très rapidement, on ne peut plus parler de plaisir à s'atteler aux devoirs de son enfant, en tous cas, pas chaque soir. Pour la plupart, c'est une « tâche » et une contrainte de plus, stressante même à leur insu.

Pour les enfants, ce n'est pas plus facile. Ils cumulent eux aussi, une longue journée fatigante pendant laquelle ils ont été ultra stimulés sur tous les plans, dans le bruit continu et dans l'enchaînement des tâches. Rares, sont ceux qui acceptent le soir de rester assis de bonne grâce, à leur bureau, pour faire des heures supplémentaires.

Pourquoi ne pas commencer par oublier l'école et passer un bon moment à les câliner, à discuter paisiblement d'autre chose en ralentissant le rythme. Un enfant apprend bien mieux une poésie dans les bras de sa mère ou de son père, qu'en stagnant assis sur sa chaise. De même, un exercice de maths deviendra lumineux dans une ambiance détendue, assis dans la cuisine pendant que l'un des parents prépare le repas, à une heure où il peut encore se concentrer un peu.

Si l'on veut aider son enfant à grandir, il faut lui donner envie d'être grand par l'exemple de cohérence et de bienveillance qu'il peut sentir chez ses adultes de référence.

En essayant de se mettre à sa portée, on peut tenter de mieux cerner ce qu'il comprend à 6 ou 8 ans et saisir un peu mieux qu'il lui soit impossible de parler aussi vite qu'un adulte ou d'avoir des gestes aussi sûrs, par exemple.

Ce qui fait défaut aux enfants, c'est la présence des parents, mais pas dans n'importe quelles conditions. Ils ont besoin de les sentir, calmes et réellement heureux, de passer du temps de qualité avec eux. C'est pourquoi, plus que jamais, le soir dès le retour à la maison, il est temps de **décélérer et d'arrêter la machine infernale** qui vous force aux limites de votre résistance.

Lorsque cela vous semble difficile, ayez au moins la présence d'esprit de vous poser la question suivante : « Quel était mon rêve au départ, en désirant des enfants ? ».

Il est bien possible que la réponse soit : « Passer de bons moments de tendresse, les aider à grandir avec amour ». Alors voilà. Nous y sommes.

C'est le moment de se remémorer de ce rêve initial. Qu'est-ce qui peut être plus important qu'un moment de tendresse, de discussion paisible avec lui ? Aucun devoir ou résultat scolaire ne doit gâcher et surpasser un moment de douceur et d'affection.

Apprenez-leur à considérer les devoirs du soir comme un bon moment que vous allez passer ensemble, mais aussi qu'il est possible d'apprendre en transformant ce travail, en jeu avec soi-même. Rassurez-les en leur rappelant que tout ce qui leur est demandé, a déjà été enseigné dans la journée et qu'ils ont déjà la réponse dans la tête. Les devoirs sont des sortes de jeux, tellement simples à côté de ce qu'ils ont la capacité de mémoriser et de résoudre. Dédramatisez la difficulté des devoirs en question en leur rappelant combien ils savent faire des choses bien plus compliquées : savoir tenir en équilibre sur un vélo, jouer à un jeu de stratégie sur l'ordinateur, par exemple.

Si l'enfant rechigne encore à se mettre au travail, n'insistez-pas, dites-lui qu'il est probablement fatigué et qu'il va se coucher plus tôt ce soir pour rattraper du sommeil en retard.

En général, il préférera se dépêcher de terminer son travail, pour faire durer un peu plus la soirée avec vous... ou avec son jeu vidéo.

Mais si vous vous sentez débordé(e) par un agacement plus fort que vous, alors il est parfois préférable de confier les devoirs deux ou trois fois par semaine à quelqu'un d'autre : un professeur particulier, un étudiant...

La rentrée scolaire est un moment de haute tension pour les parents. Car septembre revenu, voici également le temps de la course dans les supermarchés bondés de parents stressés, tenant fébrilement à la main la liste du matériels et des livres scolaires à trouver « absolument ! », les gamins sur les talons.

Puis vient le moment de l'organisation des inévitables activités périscolaires pour lesquelles il faudra se préparer à jongler entre son travail, le cours de piano de la petite Lulu, l'entraînement de foot de son frère et la baby-sitter censée venir les récupérer à l'école, vous prévenant le jour même qu'elle a changé d'avis.

Dès la seconde moitié du mois d'août, les parents sont déjà branchés sur 220 volts, comme s'ils se préparaient à un marathon, se conditionnant négativement pour la rentrée scolaire et par la même occasion, s'acheminent inéluctablement vers une période pénible, pleine de contraintes pour grands et petits.

Chacun se prépare mentalement à entrer dans un tunnel de contraintes pesantes. Pour enrayer définitivement ce mauvais départ, pourquoi ne pas instaurer chaque année « LA FÊTE DE LA RENTREE ». Il s'agit de s'organiser pour vraiment fêter cet événement comme on peut le faire pour un anniversaire ou une fête de famille, en offrant un cadeau aux enfants qui font leur rentrée. Ce sont eux les héros.

C'est une chance d'aller à l'école, surtout dans les conditions qui sont celles de nos pays très privilégiés et la rentrée doit être une joie et non pas une corvée de plus.

C'est une question d'angle de vision.

Mais cet angle pris positivement au point de fêter l'événement dédramatise toutes velléités à entreprendre la rentrée scolaire dans le stress et la lourdeur des obligations.

Les jalousies et disputes dans la fratrie

Les bagarres et disputes entre frères et sœurs ont le don de faire monter la température de l'ambiance familiale et par conséquent le niveau de stress des parents. Cette ambiance électrique, éprouvante nerveusement pour les adultes, épuise les plus résistants, car au-delà du bruit et à l'agitation, personne n'a pour réel ambition de vouloir vivre dans la guerre permanente. Les ondes négatives émanant de ce climat agressif et acrimonieux taraudent et affligent en profondeur le moral.

Oscillant entre découragement et explosions de colère, ils s'effondrent moralement face à leur impuissance à gérer leur nichée plus harmonieusement.

Les causes principales proviennent fondamentalement de jalousies et de rivalités. Chacun lutte pour gagner une place prépondérante dans l'affectif des parents. Les moindres escarmouches sont autant de petites parts d'attention parentale qu'il convient de grignoter un peu plus sur celle de son frère ou sa sœur.

La place et l'ordre d'arrivée des enfants dans la fratrie peuvent générer des chamailleries ou des provocations récurrentes, tout peut devenir prétexte pour marquer son territoire ou revendiquer. C'est encore plus fréquemment le cas lorsque l'écart d'âge entre les naissances est inférieur à 3 ans. Les jeunes enfants sont en général plus apaisés lorsqu'ils ont eu un temps de construire un lien privilégié avec leurs parents dans la toute petite enfance. Ce temps d'exclusivité permet d'ancrer la relation d'attachement et donne des forces pour continuer sa croissance physique et psychique, en passant à d'autres attachements plus socialisés : l'institutrice, les copains et copines de l'école, la nourrice...

Cette notion de place est si importante qu'elle peut représenter un véritable lutte de pouvoir, même chez des jumeaux. Aussi étrange que cela puisse paraître, le fait d'être né le même jour et à la même heure ne suffit pas à pacifier les enfants.

L'ordre d'arrivée compte, même si les naissances sont espacées de quelques minutes.

C'était le cas d'Henri et Paul, des jumeaux nés à quelques minutes d'écart. Dès qu'ils furent capables de formuler des phrases, leur grande question récurrente était de savoir, lequel était « sorti » le premier.
Henri était né dix minutes avant son frère, mais par les chamailleries constantes et les désordres de comportements qui perturbaient leur quotidien, ces dix petites minutes allaient leur gâcher une bonne partie de leur enfance et conduire leurs parents au bord de la dépression.
L'enjeu était si important pour Paul (le 2e né), qu'il s'était débrouillé inconsciemment pour grandir et se développer beaucoup plus vite que son frère.

L'écart physique était impressionnant. Henri, quant à lui, pour apaiser la jalousie de son frère, s'était lui aussi organisé, en acceptant toujours inconsciemment de se rabougrir physiquement afin de lui laisser « la place » de vedette de la famille et lui permettre de séduire son auditoire par sa beauté et sa force physique.
Henri s'était juste octroyé le droit de devenir un excellent élève, là où Paul s'ingéniait à piétiner et à accumuler du retard. Rien de ce qui était servi à Henri n'échappait au regard aiguisé de son frère qui vérifiait chaque instant, s'il n'avait pas été lésé. Il en était de même pour les vêtements, les chaussures, ce qui leur était servi aux repas, les jouets, les livres, les cadeaux…
Pour Paul, tout était prétexte aux éclats et il ne loupait pas une occasion de montrer sa mauvaise humeur, en gâchant même les moments les plus agréables.

La plupart des enfants n'en arrivent pas à ce point, mais les comparaisons des membres de la famille, les étiquettes attribuées à chacun et l'ordre d'arrivée dans la fratrie, les poussent coûte que coûte à jouer des coudes pour gagner la prééminence affective et un maximum d'intérêt aux yeux de leurs parents.

Il n'est pas toujours facile de garder son calme, surtout quand ces querelles rappellent à ces mêmes parents les hégémonies ou tyrannies de frères ou sœurs aînés dont ils ont été eux-mêmes victimes lors de leur enfance. Ces transferts inéluctables, majorés par la tension des cris et bagarres, les conduisent à réagir mal à propos, soit avec excès, soit au contraire avec un laxisme consterné et accablé.

Ce qui les mine le plus et constitue le ferment du burn out parental, est sans doute ce sentiment d'injustice profond en regard du confort et du bien-être qu'ils s'évertuent à apporter à leur progéniture depuis leur naissance. Ce point met le feu aux poudres pour déclencher une dépression et ils se sentent démunis, ne sachant plus comment s'y prendre pour que leurs enfants montrent enfin un peu de satisfaction à vivre ensemble. Car rien n'est plus démoralisant que l'impression d'avoir mis au monde et d'élever des êtres qui se comportent en ennemis, dans une même famille.

Ce grand découragement provient également de la confrontation :
- entre le rêve et la réalité,
- avec ses propres limites,
- avec la peur inconsciente de faire moins bien que ses propres parents, moins bien que ses propre frères et sœurs, quand tout semble bien fonctionner dans leur famille.

Enrayer la mécanique des conflits entre enfants

Pour calmer accrochages, conflits et bagarres dans la fratrie, il convient tout d'abord d'observer son comportement en tant qu'adultes et de faire un état des lieux de ses propres réactions. Les enfants fonctionnent inconsciemment par imitation des attitudes des aînés et surtout de leurs parents. C'est pourquoi le ton utilisé pour se parler habituellement dans la famille est très déterminant de l'ambiance générale. Plus les adultes se parlent fort, brutalement, sans douceur et plus les enfants ont tendance à les imiter dans leurs relations entre frères et sœurs. Ils ne se gênent pas pour en faire de même, lorsqu'ils s'adressent à leurs parents, pensant en toute bonne foi, que cela doit être le bon ton puisque leurs modèles se parlent ainsi.

Dans ces familles où l'on parle fort et sèchement, le paradoxe est l'étrange absence d'une véritable autorité. Les enfants s'habituent à cette façon de s'adresser les uns aux autres sur un ton excité, hystérique ou trop sec et ne font plus la différence entre un ordre, une marque d'autorité ou le langage habituel dans lequel ils baignent en permanence.

Pire encore, plus le ton monte et plus l'image des parents est discréditée à leurs yeux, car c'est la signature évidente d'une perte de contrôle.

Si vous sentez que par habitudes familiales, issues de votre propre enfance ou simplement parce que la fatigue et l'épuisement d'entendre vos chenapans guerroyer vous débordent, alors la mesure urgente à prendre sera de changer en priorité le ton et le débit de votre voix.

Tout d'abord, vous ne pourrez que ressentir un soulagement interne à ne plus laisser monter la pression en vous (pousser sur sa voix = s'énerver et puiser dans ses réserves sans s'en rendre compte), mais de plus, vous allez vous étonner très positivement en constatant l'impact de votre autorité, simplement en parlant sur un ton plus grave, calme et plus lent.

Dans un premier temps, vous déclencherez la surprise chez vos bambins médusés de la différence de votre ton, puis, vous capterez automatiquement leur attention.

Expliquez que dans VOTRE famille, on ne se comporte pas comme des sauvages, qu'il n'est pas acceptable de se faire du mal, de se jalouser et de semer la pagaille.

Rappelez ce truisme souvent oublié : tout le monde veut être heureux et vivre dans la paix.

Le rôle du père ou d'un autre parent est très important lorsque la mère se sent submergée. Son ton ferme, mais calme, doit accompagner le rappel des concepts fondamentaux et fédérateurs de respect entre les enfants et dans la communication familiale globale.

Pour toutes les tranches d'âge, il sera très bénéfique de rappeler que chaque membre de la famille compte. N'hésitez pas à insister sur l'importance de chacun (en nommant chaque membre) et combien la famille serait dramatiquement boîteuse sans l'un ou l'autre.

Chez les adolescents, il est parfois nécessaire d'utiliser des termes très forts pour créer une alliance puissante : « CHEZ NOUS on ne se bat pas, DANS NOTRE FAMILLE on cherche à s'aider et tout le monde protège tout le monde.

Quand l'heure est grave et que les limites ont été atteintes ou dépassées, n'hésitez pas à rappeler ces fonctionnements fédérateurs totalement primaires et claniques. Il est des moments où rappeler des concepts primaires est grandement bénéfique.

Positivez tous les bons moments qu'ils passent ensemble à jouer tranquillement, à partager un jouet, un vêtement, n'hésitez pas à leur dire combien ils illuminent votre vie, lorsqu'ils se comportent ainsi. Ce sont des mots forts qui comptent pour les enfants, car au final, rien ne leur fait plus plaisir que d'être félicités et renarcissisés surtout par vous, tout en vous voyant ostensiblement satisfaits par leurs comportements.

J'ai toujours pensé que le bien engendre le bien. Plus on positive un acte ou une attitude chez un enfant (et même un adulte) plus il aura à cœur de continuer à s'améliorer, car cela fait partie des grandes constantes de la psychologie humaine : tout le monde a besoin de s'appuyer sur le regard et le jugement bienveillant de l'autre pour avoir la force de continuer à progresser.

Le moindre petit effort d'amélioration vaut la peine d'être pointé et félicité, lorsqu'il y a une volonté certaine chez l'enfant ou l'adolescent de changer, après avoir connu des périodes pénibles. Cette consolidation narcissique est grandement réparatrice.

Si l'on catalogue un enfant comme « buté », « pénible » ou « grincheux », il n'aura de cesse de coller à l'image que ses parents se font de lui et mettra beaucoup d'énergie à leur démontrer qu'ils ont raison de l'étiqueter ainsi. C'est pourquoi le comportement d'un enfant difficile, jaloux ou bagarreur, ne peut que s'améliorer de façon spectaculaire si ses parents cessent de le stigmatiser comme tel. La métamorphose s'intensifiera s'ils arrivent à faire des pauses fréquentes pour avoir avec lui, des conversations authentiques en lui pointant ses qualités profondes et existantes, même si jusqu'à présent, elles semblaient cachées : « Je sais que tu es très gentil au fond de toi et que tu n'aimes pas réellement te bagarrer » ou bien « Tout est tellement agréable quand tu laisses parler ta gentillesse avec ton frère ou ta sœur ».

La plupart des humains (à l'exception des pervers et de certaines formes de psychotiques) ne souhaitent rien d'autre, au fond, que le bien-être et la paix. Si la vie nous montre l'inverse quotidiennement, ce n'est pas lié aux « défauts » intrinsèques des êtres. Aucun bébé ne vient au monde avec l'envie de saboter la vie de ses parents et de son entourage.

Tous les dysfonctionnements psychologiques se tricotent seconde après seconde et jour après jour, en réaction à des réponses inadaptées d'éducation, à du laxisme, à un manque d'amour, de compréhension et de soins. Ces erreurs de réponses, entraînent à plus ou moins haute dose des symptômes, qui vont de la petite riposte verbale ou du petit trouble somatique, à la vaste palette chromatique des difficultés de comportements.

Les enfants générateurs de conflits et de chamailleries entre frères et sœurs, dès lors qu'ils perçoivent un malaise, un manque d'amour ou des disputes parentales fréquentes, ne peuvent s'empêcher de rejouer les scènes dont ils sont les témoins.

Ce mimétisme répond à un besoin essentiel de se rassurer. Il leur est impossible, en effet, d'opérer un contrôle sur ces dissensions d'adultes, car leur statut et leur impuissance d'enfants, ne leur en donnent pas le pouvoir. En revanche, il est tout à fait dans leurs cordes de générer du conflit entre frères et sœurs, pour les rejouer rituellement sur la scène du théâtre familial, car ce sont des jeux de rôle qu'ils peuvent parfaitement contrôler tels des metteurs en scène.

Le but est de se rassurer en dédramatisant les altercations des adultes, les assimilant alors à des scènes banales et virtuelles faciles à superviser. Il suffit de les déclencher ou de les arrêter à loisir.

Ils préfèrent bien plus déclencher les foudres et l'énervement de leurs parents en polarisant leur colère sur eux, plutôt que de risquer de les voir en conflits entre adultes.

La pire crainte pour les enfants étant de les voir en arriver à des scènes de violence physique.

Nous recevons de nombreux enfants catalogués comme pénibles et conflictuels qui deviennent paisibles et agréables dès que leurs parents font l'effort de vouloir comprendre, pourquoi leur couple bat de l'aile et quels sont les rouages inconscients de leur mésentente.

En général, j'ai une petite conversation avec l'estampillé « pénible », pour lui expliquer qu'il va pouvoir enfin lâcher prise et se détendre en ne prenant plus en charge les problèmes de couple et les comportements agressifs de ses parents, mais en revanche, ils vont pouvoir venir en parler dans le cadre thérapeutique, pour trouver des solutions.

Cette prise de relais opère un miracle à chaque fois. Immédiatement, je constate une détente de tous les traits de l'enfant, même le plus buté. Il reprend espoir.

Si ses parents font vraiment l'effort de vouloir comprendre et changer leurs fonctionnements conflictuels, alors l'enfant peut se relâcher et reprendre le courant d'une vie plus apaisé.

Dans une fratrie, le niveau de conflit zéro n'existe pas. De petites divergences d'intérêts sont normales et les combats de coqs sont inévitables, voire même souhaitables dans une certaine mesure. Ils permettent également d'apprendre les lois de la vie dans ce monde, à savoir, les concessions, la conciliation, les alliances et les jeux de rôle psychologiques entre humains auxquels ils auront à faire face immanquablement, dès le plus jeune âge à l'école, mais aussi tout au long de leur vie adulte.

Alors, il est nécessaire de dédramatiser en acceptant une petite dose de chamailleries dans le cadre de leur chambre, jamais à table (le temps de repas est un moment sacré de partage et non pas un ring de boxe), tout en gardant la capacité de les stopper net, si la tension monte au point où votre système nerveux en souffre.

N'hésitez pas à faire dériver les tensions chez les plus petits, en les occupant à vous aider dans des tâches apaisantes et amusantes : préparer le repas avec l'un des parents, jouer un moment avec eux à des jeux de construction, leur demander de trier les jouets, le linge avec vous, jouer avec de la pâte à modeler près de vous ou dessiner à vos côtés pendant que vous vous détendez.

L'important est de rester le plus possible à leurs côtés, paisiblement et de faire un POINT FIXE avec eux, de cesser de courir telle une fourmi d'une pièce à l'autre et d'une tâche à l'autre. Le but étant de se fixer dans une activité avec eux, quelle qu'elle soit, cela n'a aucune importance. Lorsqu'on leur demande ce qu'ils aimeraient le plus changer dans leur manière de vivre, les enfants répondent très souvent : passer plus de temps avec les parents.

L'adolescence :
Zone rouge pour le moral des parents

C'est un fait, l'adolescence est une période à haut risque pour les nerfs des parents et leur résistance psychologique est mise à rude épreuve. En l'espace de quelques mois, le charmant bambin qui adorait faire du vélo avec son père et demandait des câlins sur les genoux de sa mère, se transforme en extra-terrestre bougon et odorant, récalcitrant et soudainement étranger à tout ce qui composait les codes de sa vie familiale. La moindre phrase des parents est vécue telle une aberration et il devient quasiment impossible de pouvoir échanger avec bienveillance.

Rien de ce qui peut provenir de ses aînés ne trouve grâce à ses yeux et il le leur fait sentir à grand renfort de haussements d'épaules, de claquement de portes ou de mutisme renfrogné.

Période grandement redoutée par les parents, l'adolescence c'est avant tout l'idée que les adultes s'en font. Bien en amont, l'appréhension progresse au fur et à mesure des années. Ils observent avec sidération et crainte mêlées les jeunes des autres membres de la famille, des amis et voisins. Ils écoutent médusés les récits des dernières aventures de la collègue totalement dépassée par son fils de 15 ans.

Pourtant, l'adolescence surprend toujours les parents au moment où ils pensaient y échapper. Sous le choc, ils mettent quelques mois à réaliser qu'ils sont entrés de plain-pied avec leurs ados dans une période nébuleuse, installée pour quatre ou cinq ans, au mieux.

Comment ne pas être déstabilisés. Tous les paramètres de la vie d'un enfant de 12 ans et jusqu'à 17 ou 18 ans sont bouleversés et l'on a souvent la sensation qu'ils vont basculer dans la 4e dimension.

Cet être que l'on croyait connaître si bien se métamorphose d'une façon spectaculaire, bien plus vite que le mental n'arrive à suivre. Les hormones sexuelles font une entrée fracassante, achevant de modifier la voix, le psychisme, la représentation qu'il a de lui-même, la réflexion et les comportements sociaux et intrafamiliaux.

Le besoin de s'affirmer balaie tout sur son passage et les idoles du passé (les parents) deviennent soudain les freins insupportables à leur besoin de liberté et d'autonomie.

Cette autonomie tant réclamée présente la particularité antinomique de les effrayer tout aussi fortement qu'elle est revendiquée. La vie elle-même qui, pourtant, semble ouvrir tout grand ses bras, fait très peur et pour déjouer ses appréhensions, l'adolescent cherche constamment ses limites, mais aussi, les limites de ses parents.

Pour ne pas imploser, les adultes vont devoir adapter des codes de conduites très solidaires, même lorsqu'ils sont séparés. Plus que jamais, il leur faudra être cohérents et développer la capacité de communiquer, trouver un dialogue commun et parler de la même voix, afin d'éviter les multiples essais de manipulations.

Tout comme avec un jeune enfant, la parole d'un des parents, doit toujours être respectée par le second parent. Il peut y avoir désaccord, mais il serait totalement improductif en terme d'autorité, de discutailler devant l'adolescent, sur la manière de dire, de faire ou sur une décision à prendre. La solidarité entre les deux parents doit être totale et si une intervention gène ou n'est pas conforme à ce que l'un deux aurait voulu dire, il vaut mieux se taire et sortir de la pièce pour le laisser gérer la situation jusqu'au bout avec son fils ou sa fille, plutôt que de montrer sa désapprobation par des remarques ou des attitudes non verbales, instantanément captées par le jeune.

Inutile de dire que l'intervention des parents serait alors totalement inutile et sans résultat, pire encore, l'adulte ainsi décrédibilisé aux yeux de l'adolescent aurait à ramer un peu plus fort la fois suivante pour imposer son autorité. Même lorsqu'il est difficile de communiquer avec lui, il faut néanmoins fixer des règles très précises et claires. Toute imprécision sera décelée et utilisée pour échapper à la consigne de vie familiale.

Même un jeune très récalcitrant aura besoin de savoir quelles sont les limites qui ne pourront être dépassées. Pour le lui faire comprendre, une grande vigilance doit être en action pour ne laisser espérer aucun essai de dépassement de la ligne blanche. Le moindre fléchissement serait perçu comme une marque de faiblesse.

Les parents déprimés et en état de burn out parental expriment très souvent, en consultation, leur chagrin et leur déception en constatant que l'amour qu'ils ont apporté à leur enfant, ne suffit pas à éviter leur repli sur eux-mêmes dans un verrouillage du dialogue.

La douleur des parents provient fondamentalement de la sensation de perte d'un enfant qu'ils croyaient connaître et qui leur échappe un peu plus chaque jour. Pire encore est l'hostilité affichée qu'ils témoignent aux adultes de leur famille, ne ratant pas une occasion pour leur pointer une faiblesse en les fusillant d'un regard dédaigneux.

Pourtant, contrairement aux apparences, l'adolescent, n'est pas pour autant devenu un monstre sans cœur. Il continue d'aimer ses parents, mais il n'a pas le choix. Il est obligé de les faire tomber du piédestal sur lequel leurs statues trônaient depuis sa naissance. Pour pouvoir exister en tant qu'humain autonome et distinct de leur bulle psychoaffective, il est contraint inconsciemment de casser leur image. Dans l'inconscient collectif, dès lors qu'un jeune arrive à l'âge de se reproduire (et il peut le faire dès l'âge de 11/12 ans), un processus psychologique archaïque le pousse à évincer ses géniteurs et ses aînés, pour prendre la place de la nouvelle vague.

Biologiquement, cela se concevait au Moyen Age, puisque la moyenne de vie n'excédait pas 24 ou 25 ans et jusqu'au 18e siècle où l'on vivait rarement plus de 40 ans.

Mais de nos jours, l'espérance de vie a considérablement augmenté et l'on se trouve à moins d'un tiers de sa vie, lorsque les adolescents font sentir à leurs aînés qu'ils sont bons à réformer, tels des ustensiles obsolètes.

Alors il est important de se souvenir que **les parents de la famille sont bien des adultes** et non pas les adolescents. Il ne faut pas hésiter à les recadrer clairement sur le sujet, de façon calme mais incontestable. Car, contrairement au Moyen Age, dans nos sociétés, les adolescents ne partent pas faire la guerre, n'ont pas à travailler dès l'âge de 12 ans pour nourrir leurs petits frères ou petites sœurs ou même leurs propres enfants. Ils peuvent faire des études et par leur immaturité affective, dépendent encore et pour plusieurs années de la protection de leurs aînés.

A l'opposé de ce que beaucoup d'adolescents pensent, l'ultra confort dans lequel ils vivent dans nos pays, n'est pas un dû, c'est un privilège, une chance extraordinaire d'être nés de ce côté de la planète. Les parents doivent d'abord en être convaincus pour faire passer le message et cesser de se laisser culpabiliser à la moindre occasion.

Alors non, on ne baisse pas les bras pour autoriser mollement son fils à envoyer des sms pendant le dîner. Sa mauvaise humeur n'est pas acceptable à table. Indiquez-lui qu'il a le droit de ne pas être en forme, mais qu'il n'a pas à vous imposer son agressivité, parce qu'elle est nocive et polluante pour l'ambiance générale, mais qu'en revanche, vous êtes à sa disposition pour en parler... dans sa chambre ou en allant faire un tour ensemble.

Les adolescents ont la culpabilisation facile et leurs tirs de missiles psychologiques et verbaux attaquent profondément la confiance et l'estime de soi des parents.

C'est sans doute l'un des points fondamentaux qui déclenchent le plus souvent le burn out parental.

Si tel est votre cas, posez-vous pour réfléchir et faire un état des lieux en laissant retomber l'énervement ou la détresse qui vous étreint face à une situation de conflit avec cet enfant que vous ne reconnaissez plus.

Rappelez-vous tout d'abord qu'il vit dans un grand confort grâce à vous, parce que précisément, vous vous levez chaque matin pour aller travailler, quel que soit votre état moral ou physique. Cela vous semble banal et normal. Détrompez-vous. Pour des centaines de millions d'enfants et d'adolescents dans le reste du monde, c'est l'inverse qui se produit. Ce sont eux, qui se lèvent chaque jour avec pour objectif de trouver de quoi assurer le seul repas du jour de toute la famille, y compris celui des parents.

Pour que vos adolescents prennent la mesure de votre investissement et de votre affection, il est d'abord nécessaire que vous soyez **vous-mêmes** convaincus d'être des créateurs de bien-être et de sécurité.

Cela se respecte, même si cela incombe à la fonction parentale.

Mais en dépit de ces quatre ou cinq années fragiles, pendant lesquelles il est fréquent de se sentir découragé, il faut bien avouer qu'il reste toujours possible de partager des parenthèses adoucies, quand l'adolescent semble apaisé et ouvert pour se réjouir d'une discussion ou d'un peu de complicité. Il faut saisir ces fenêtres de paix et de dialogue pour lui offrir la possibilité de parler d'un problème scolaire, d'une peine de cœur s'il le désire, de répondre à un doute, une interrogation. Il doit savoir que vous êtes toujours disponible pour le dialogue et la tendresse. C'est peu. Ces moments se font de plus en plus rares jusqu'au départ définitif du jeune. Mais il faut s'en contenter, sans tristesse, sans regret sur le temps béni où il était tout petit, fou de maman et idolâtre de papa.

Cette désertion n'est qu'une parenthèse parmi tant d'autres dans l'évolution d'un être humain. C'est pourquoi il est important de ne pas polariser toute son attention et ses émotions sur sa mauvaise humeur, pas plus lorsqu'il fait une remarque désagréable.

Bien sûr, on recadre immédiatement, calmement, mais sans faire de fixation sur ce qui vient de se passer ou ce qu'il vient de dire.

Lorsque l'on est parent d'un adolescent en crise, le ressassement de sa tristesse face à une provocation, à une réflexion dénigrante, peut provoquer des troubles du sommeil et des heures à se morfondre sur le contenu des échanges. Parfois, des journées entières sont gâchées par la rumination de points de détails qui n'auront plus d'importance dans peu de temps. Au lieu de se griller le cœur et le mental pendant de longues nuits d'insomnie, en repensant aux attitudes désagréables de l'adolescent, il est préférable de prendre de la distance psychologiquement et de se projeter quelques années plus tard avec lui.

Ces années si particulières, difficiles, fragiles et belles, car porteuses d'un élan magistral de vie, se compliquent pour un adolescent, lorsqu'il sent qu'il est le point de mire de ses parents.

Si chacune de ses réactions ou non réactions sont analysées et ressassées, il étouffe de ce surinvestissement identique pour lui, à des sables mouvants. Ses efforts désespérés sont alors d'autant plus violent, pour se détacher des Dieux de son enfance et l'entraînent par ses attitudes de rejet, bien plus loin qu'il ne le souhaiterait vraiment.

Donner une juste place aux adolescents dans une famille, n'implique pas qu'ils accèdent pour autant à en être l'unique point d'intérêt. C'est une étape, comme on en connaît d'autres depuis la naissance de ses enfants.

D'ailleurs, cette phase délicate de l'adolescence n'est pas inconnue pour les parents, puisqu'ils en ont déjà vécu une première édition quand l'enfant n'avait que 3 ou 4 ans (voir le chapitre sur la phase sadique-anale).

Un levier va permettre aux parents de sortir du grand découragement dépressif face à la crise de leurs adolescents : **Reprendre confiance en leurs qualités d'adultes responsables et solides**.

Trouver LA bonne attitude. LA bonne réponse, en faisant abstraction des coups de bélier vécus au quotidien, quel que soit son état physique ou psychologique, relève de l'héroïsme. On comprend aisément qu'une usure psychique puisse venir ébranler très fortement la réactivité et la confiance en ses compétences de parents.

Même si on en arrive à ne plus reconnaître l'être qui vocifère « tout est nul », ou qui vous se mure dans un mutisme ostensible dès que vous lui posez la moindre petite question (alors que vous l'entendiez s'esclaffer quelques secondes plus tôt au téléphone avec un copain), il est indispensable de se répéter que c'est VOUS le parent et l'adulte, de ne pas vous tasser sous les coups de masse de votre déception. C'est le moment le plus difficile de la vie avec son enfant, mais justement, ce n'est qu'une parenthèse dans sa vie et dans celle de ses parents.

Par définition, une parenthèse s'ouvre et une autre se fermera. Ce qui implique que cette période ne durera pas, mais qu'elle est pourtant primordiale et inéluctable. Dans quelques années, il vous arrivera d'en rire ensemble.

A leur insu, les adultes autant que leurs adolescents, sont poussés inconsciemment et par à-coups vers la porte de sortie. La crise d'adolescence s'aide des comportements les plus outranciers, pour obliger leurs parents à accepter de leur ouvrir la porte.

Les difficultés qui entravent l'ouverture sur la vie adulte des jeunes, proviennent :

Pour les adolescents :
- de leurs propres angoisses à s'autonomiser,
- de leurs craintes face à la vie et au monde extérieur,
- de leurs hésitations à « lâcher » leurs parents lorsqu'ils sont eux-mêmes en déroute dans leur couple ou en prise à des difficultés psychologiques,
- de la panique profonde à l'idée de les voir avancer d'un cran dans le processus de vieillissement.

Pour les parents :
- Peur de s'affranchir de sa progéniture et surtout de ce rôle de parents, magnifique et terrible à la fois, par sa fonction comblante, même dans l'inconfort,
- Angoisse inconsciente de se retrouver face à soi. Ce SOI, mis entre parenthèses, pendant une vingtaine d'années et que l'on a peur de croiser soudain, à nouveau dans son miroir.

Car on a beau combler sa vie et occuper son esprit avec les milliers de tâches inhérentes à la fonction de parent, il faudra bien tôt ou tard, commencer à s'occuper de soi.

C'est même un des buts les plus importants de notre existence sur cette terre : s'alléger, se débarrasser le plus possible de l'encombrement psychique, égotique de son cœur et de son âme, pour grandir et s'ouvrir à d'autres nourritures de l'esprit.

C'est un long chemin à gravir, un Everest à franchir. Mais c'est possible. Toutefois, le travail pressenti pour accomplir ce voyage vers son Soi authentique fait peur inconsciemment, par les mutations inévitables et imprévisibles qu'il implique.

La tentation est grande, sans s'en rendre compte, de préférer s'accrocher à l'inconfort relatif d'une relation difficile, voire pathologique avec un grand adolescent, au lieu de favoriser son envol vers sa propre vie d'adulte autonome.

C'est le moment pour les adultes de se souvenir qu'ils ont existé individuellement et en couple, avant d'être des parents. Ils ne sont pas réduits à ce rôle de boucs émissaires, si frustrant lors de cette crise d'adolescence.

Plus que jamais, les couples devraient se souder ou se ressouder, parce qu'à deux (même si les parents sont séparés), on se sent forcément plus forts pour faire passer une décision importante ou instaurer un point clef dans l'organisation de vie de l'adolescent.

Alors, plus que jamais, pour les parents qui vivent ensemble, le couple doit être solide et amoureux, d'abord parce que c'est ce qui va permettre de tenir bon dans les moments difficiles, mais aussi parce que le jeune continue d'observer ses parents, malgré son désintérêt affiché pour la vie familiale. Les voir s'aimer l'aide à activer un apaisement inconscient dans le tsunami psychique qu'il traverse. Il perçoit une autorisation tacite à continuer de grandir. Il peut se préparer à muter vers la vie future qui sera la sienne et dont il sent les prémices des années à l'avance.

Lorsque les parents ne vivent plus ensemble, c'est leur cohérence et leur accord pour prendre les bonnes décisions d'éducation ensemble, qui calmera l'adolescent en le rassurant, sur la solidité du lien du couple parental, au-delà de la vie de couple qui s'est arrêtée.

Que faire lorsqu'un parent est seul à gérer la situation ?

Le besoin d'un relais est encore plus important puisqu'il n'y a jamais le moyen de débrancher de sa parentalité, pour souffler et reprendre des forces physiques et psychiques.

A 14 ans, on est capable de rester seul à la maison. Donc, n'hésitez pas à sortir entre adultes, à aller dîner chez des amis, à faire du sport,... Le jeune, ravi de cette preuve de confiance, va alors investir l'appartement familial pour la soirée ou pour un week-end et cela préfigure sa vie d'adulte.

Mais attention à bien reformuler les règles que vous entendez lui voir respecter pendant votre absence.

Lorsque c'est possible, il peut être judicieux de faire appel à un ou une amie pour faire passer ou appuyer un message. En ne vivant pas dans le contexte, il lui sera plus facile de prendre du recul afin de trouver les mots pour convaincre.

Un thérapeute peut être grandement utile lors de cette période. Quelques séances aident à évacuer le trop plein de tensions et permettent de remettre les fondamentaux à leur juste place pour ouvrir à nouveau, un dialogue entre parents et adolescents.

Très souvent, un sentiment de honte pétrifie les adultes dans un silence qui intensifie leur déprime. Ils n'osent pas parler avec leurs amis, de leur peine et de leurs débordements avec leurs jeunes. Ils seraient pourtant étonnés de l'écho qu'ils rencontreraient en parlant de leur quotidien, tout en dédramatisant. De plus en plus d'adolescents demandent parfois avec beaucoup d'insistance, de passer une année ou deux en internat. Finalement, les parents bloquent souvent sur ce point, parasités par une culpabilité infondée : la crainte d'être jugés comme incapables de s'en sortir seuls avec leur enfant.

Les internats d'aujourd'hui n'ont plus rien à voir avec ceux du passé et sont souvent très appréciés par les jeunes, pour la qualité de leurs enseignements, des activités proposées et par-dessus tout le plaisir de se retrouver entre adolescents sans avoir à gérer une relation perturbée avec les parents. Ils n'ont plus à se forcer à être rejetant, puisqu'ils sont loin. Et cet éloignement permet chaque week-end de retrouver un réel plaisir et une forme de complicité estompés progressivement au fil du temps, avec les parents et le reste de la famille, en relativisant les dissensions.

Beaucoup de parents sont effrayés par les comportements à risque de leurs adolescents : drogue, alcool, vol. Ils ont totalement et depuis longtemps perdu contact avec leur jeune et le dialogue est rompu depuis plusieurs années.

L'impression d'héberger un étranger, hostile de surcroît, créer un énorme malaise. Une guerre de tranchées s'est installée dans la maison. Le lien s'est distendu au point de ne plus sembler exister. Dans ce cas, il faut prendre des mesures très particulières pour déverrouiller la situation, avant que la rupture définitive, ne soit inéluctable.

Je conseille souvent aux pères de reprendre confiance en leur rôle et en leurs compétences paternelles et d'accepter de s'offrir deux semaines de parenthèses avec leur fils, pour faire un voyage initiatique.

Bien entendu, tout le monde n'a pas les moyens financiers de partir faire une course dans les forêts du Grand Nord ou dans le désert. Mais il est à la portée de chacun de s'échapper, faire une grande marche dans la nature ou dans les forêts de son pays.

Dans nos vies actuelles, il n'existe plus d'étapes initiatiques, qui, dans le passé, permettaient aux adolescents de sentir qu'ils étaient en train de muter, de quitter l'enfance, de devenir des hommes responsables.

Désormais, la frontière entre l'adolescence et le stade de jeune adulte est floue. Quand on grandit, on supporte de moins en moins les habitudes des parents, mais lorsque l'on continue de se comporter comme un enfant immature et irresponsable, il y a un hiatus entre son besoin d'indépendance et sa capacité à montrer qu'on est capable de l'assumer.

Une grande partie des désaccords graves entre parents et adolescents proviennent de ce décalage fondamental avec leurs fils. C'est à eux, de leur apprendre à devenir des hommes adultes, à être capables de savoir se débrouiller dans la nature, allumer un feu, se préparer un repas et en profiter pour se redécouvrir, loin de la famille et du confort habituel. Par-dessus tout, réapprendre à se parler, vraiment, pour transmettre une expérience de la vie et écouter profondément son fils.

Deux semaines d'une vie pour sauver une vie d'adolescent en dérive, c'est peu, mais fondamental et inoubliable.

Si un père est manquant, c'est un autre homme adulte de la famille, un oncle, un grand-père, un ami proche de la mère, qui pourra jouer ce rôle de « re-père », indispensable.

Une mère peut en faire autant avec sa fille, afin de se retrouver mutuellement et pouvoir se reconnecter avec une tendresse qui s'est estompée sous couvert d'une pudeur et d'une réserve, tout autant, attristantes et frustrantes. Toute la famille doit faciliter cette possibilité pour une mère de s'échapper avec sa fille pendant deux semaines afin de renouer un lien distendu.

Deux semaines sont nécessaires car lors des premiers jours, une résistance inévitable envahira la relation, en la parasitant.

Mais peu à peu, le besoin de tendresse reprendra ses droits et se manifestera, si la mère sait faire preuve de délicatesse et de tact, tout en imposant la réciprocité. Ne plus avoir peur de son adolescent est indispensable pour se sortir de l'impasse. De nombreux parents sont effrayés par les menaces que laissent planer les adolescents : drogue, suicide, alcool, anorexie, fugue,...

Pour reprendre confiance en soi et se rappeler qu'il y a peu d'années encore, l'être qui vous tétanise aujourd'hui était un tout petit garçon ou une toute petite fille qui vous tenait la main avec confiance, pour apprendre à marcher, il peut être nécessaire de regarder des photos ou des films de cette époque.

Pour se ré-imprégner des émotions de ces situations, on peut faire quelques tirages des photos les plus significatives en matière de tendresse, pour les installer dans la maison.

Votre adolescent ne pourra que les voir et se reconnecter inconsciemment à ce lien qu'il a enfoui, mais qui ne demande, dans le fond, qu'à se réactiver. Car aucun jeune ne se réveille le matin en se disant qu'il désire gâcher sa journée et celle de ses parents, en instaurant un mauvais climat. Il est lui-même perdu, triste et désespéré, de ne pas savoir comment rompre la glace.

C'est pourquoi il est important de changer les habitudes par un voyage à deux, mais également et plus régulièrement, en sortant en tête-à-tête avec son fils ou sa fille et en profiter pour communiquer d'une façon plus authentique et affectueuse.

7

Impact du monde extérieur sur le stress parental

Interactions entre le burn out professionnel et le burn out parental

Les deux formes d'épuisements s'interpénètrent et s'auto-alimentent. Impossible de pouvoir dédramatiser une situation stressante avec des enfants, lorsqu'on est déjà exténué par un emploi extrêmement exigeant. Comment trouver le ressort nécessaire pour imposer le respect à des gamins survoltés, lorsqu'on est soi-même dans un écrasement permanent généré par une surveillance omniprésente de ses performances ou de l'angoisse de se retrouver sur la prochaine liste des congédiés ?

La concurrence mondiale conjuguée à la période économique difficile que nous traversons, demande un surinvestissement de plus en plus massif, orchestré par des supérieurs hiérarchiques, eux-mêmes évalués, sur leurs capacités à presser leurs troupes au maximum.

Rares sont les employés encouragés ou valorisés et cette conjoncture économique gomme toutes formes de réconfort ou de considération au profit du maître-mot : résultats.

Avoir un emploi est déjà une telle chance, alors pour la reconnaissance et les sentiments humains, il faudra attendre les prochaines trente glorieuses.

Si, en plus, l'ambiance est tendue par des conflits d'intérêts, des transferts névrotiques inconscients d'un collègue à l'autre, alors venir chaque matin travailler, ressemble plus au chemin qui mène au bagne.

Comme si les périodes de travail n'étaient pas assez stressantes, pendant les vacances, il devient impossible de décrocher ! Désormais, les congés sans ordinateurs reliés au bureau sont de plus en plus rares. La plupart des cadres savent combien ils leur faudra répondre, au moins une heure par jour, aux différents appels de leur société ou de leurs clients, tout en triant les centaines de mails qui encombreront leur messagerie.

A tout moment, il faut pouvoir être joints et reliés à l'entreprise par le cordon ombilical du téléphone ou de la liaison internet.

Comment être mentalement et physiquement réellement présents à ses enfants et à son couple, dans ces conditions ? Et comment s'étonner de l'exigence des enfants frustrés de l'indisponibilité de leur père ou de leur mère répondant vaguement à leurs questions, le corps ici et la tête ailleurs, coquilles vides de réelle présence, le cerveau affolé, la pensée fragmentée par le traitement de mille ébauches d'idées disparates.

De l'extérieur, les enfants sentent la désertion psychique de leurs parents lorsqu'ils sont trop préoccupés par des soucis professionnels. Paradoxalement, tout comme c'est le cas lorsqu'ils sont éprouvés par une dépression, une grande fatigue, ou des difficultés de couple, au lieu d'adopter un comportement calme et paisible, qui permettrait au moins sur ce point, aux adultes de pouvoir se détendre, en général, c'est l'inverse qui se produit.

Les enfants, mais aussi les adolescents, redoublent d'agitation ou de provocations. Ils ressentent profondément un danger potentiel, sans vraiment l'identifier. Ce qu'ils perçoivent, c'est l'affaiblissement de leurs adultes. Et ce point les inquiète plus que tout. La fragilisation des parents implique un danger potentiel de perte de sécurité matérielle et affective. Mais étrangement, le redoublement de leur agitation est lié à un effort (maladroit certes) de détourner la déprime non identifiée de leurs parents, pour la polariser sur des causes qui sont bien identifiables : leurs comportements, les chamailleries entre frères et sœurs, les désobéissances, les provocations, ...

Dans nos sociétés, on a voulu protéger les enfants et les adolescents de tout ce qui constitue le principe de réalité.

Je pense que c'est une erreur et cela ne les prépare pas à la réalité de la vie qu'ils devront comprendre et avec laquelle ils devront composer dans peu de temps. Les protéger à outrance, en les faisant vivre dans un univers artificiel, ne les aide pas à devenir les hommes et les femmes aptes à créer le monde de demain.

Sans pour autant les abreuver de problèmes qui ne les concernent pas : les difficultés de la vie intime de leurs parents, par exemple, il est possible dès l'âge d'une dizaine d'années de leur expliquer qu'on est plus soucieux en ce moment, à cause d'une difficulté au travail. Par ailleurs, on ne les traumatisera pas à vie, en leur expliquant que l'on va limiter les dépenses non fondamentales pendant quelques mois, parce que l'on traverse une période délicate professionnellement.

Il ne s'agit pas de les effrayer, mais de les mettre face à une part de la réalité que leurs parents affrontent en permanence.

Si pendant des millénaires, les jeunes ont été totalement mêlés aux responsabilités et aux soucis de vie de leurs parents, depuis trente ans, c'est totalement l'inverse qui se produit dans nos pays. Les enfants et les jeunes sont totalement clivés des réalités de la vie que les adultes doivent affronter quotidiennement.

Cela a pour effet, de leur donner l'impression d'être des oiseaux immatures, inconscients et heureux de l'être, mais totalement déconnectés de la réalité, avec pour conséquence de les rendre incapables de réfléchir plus profondément, de conceptualiser des idées et de développer de la compassion ou de la solidarité vis-à-vis des parents.

Bien entendu, ils ne sont pas là pour trouver des solutions à leurs aînés, ce n'est pas leur rôle, mais ils doivent être capables de sortir de leur égoïsme primaire, pour au moins savoir se calmer quand c'est le moment, se comporter respectueusement et avec à-propos, s'occuper gentiment des plus jeunes pour soulager les adultes, selon les capacités de leur âge. On obtient souvent un changement d'attitude, lorsque l'on parle de la réalité aux enfants. Sans pour autant, se montrer effondrés et catastrophistes, mais au contraire, en leur montrant que c'est le moment de former un bloc solide dans lequel chacun à sa place et son importance.

C'est sans doute l'absence de responsabilisation, dont on a tant voulu protéger les enfants ces dernières décennies, qui a contribué à en faire des êtres immatures et totalement concentrés sur la petite satisfaction narcissique de leurs besoins et pulsions autocentrés.

Parler vraiment aux enfants, c'est leur montrer qu'ils ne sont pas juste capables d'ouvrir grand la bouche en attendant la becquée, tels des oisillons dans leur nid. C'est plutôt une leçon de vie, surtout si on leur parle des moyens envisagés pour sortir de la difficulté, leur montrant ainsi qu'il y a toujours une solution ou un moyen de rebondir.

Leur expliquer la raison d'une difficulté du moment ne va pas les fragiliser, c'est juste une incursion dans le principe de réalité. Par la même occasion, ils prennent la mesure de la confiance dont ils sont investis, en tant qu'interlocuteurs de qualité. Cette preuve de confiance, aura un grand impact sur leur comportement général et leur manière de considérer leurs parents.

Les nouvelles technologies : Leur influence sur le stress en famille

Nous vivons tous ou presque entourés de téléphones de haute technologie, d'ordinateurs et tablettes, entre autres véritables prodiges techniques, nous permettant de nous connecter les uns aux autres et d'embrasser le monde d'un simple clic.

Les réseaux sociaux relient les humains de tous les âges, pour le meilleur et pour le pire le temps n'a plus de prise et l'on se doit d'être joignable à tout moment.

Les enfants en ont l'habitude. Depuis leur naissance, de nombreux parents leur donnent le biberon, tout en gardant le regard vissé sur un écran. Dans ce cas, les bébés cherchent désespérément à capter une lueur d'attention, juste pouvoir échanger quelques secondes, un de ces regards vrais et profonds, les yeux dans les yeux et sentir un instant cette magie de l'attachement.

Quelque temps après, c'est la nourrice qui les promène comme des petits tas de linge dans des poussettes, pendant qu'elles s'enflamment des heures durant dans de grandes conversations avec l'invisible, le téléphone greffé à l'oreille.

Pas un regard sur le bambin dans sa poussette, qui attend les yeux dans le vide que l'on veuille bien se rappeler qu'il est là.

Les enfants s'habituent à tout et sont prêts à toutes les magnanimités. Jusqu'à un certain point, cependant.

De retour à la maison, le soir, cela continue. Heureux ou grincheux, épuisés ou encore bien toniques, ils retrouvent enfin leurs parents et espèrent un moment de calme, où on va les prendre, plus de trente secondes dans les bras, sans courir dans tous les sens.

Puis, le téléphone sonne, encore et à chaque fois maman ou papa s'arrête pour répondre, souvent avec plus de gentillesse et de rire dans la voix qu'ils n'en avaient quelques secondes avant en s'adressant aux enfants.

Téléphone magique.

Au moment du repas, ils sont interrompus encore par deux ou trois appels ou messages, la télévision en toile de fond. On ne l'écoute plus depuis longtemps, les nouveaux jouets de haute technologie l'ont surpassée, mais il faut tout de même qu'elle soit allumée. Ces images qui bougent semblent apaiser grands et petits comme sous hypnose. L'antidépresseur fonctionne toujours.

Enfin, le repas est terminé, on va pouvoir partager un bon moment de tendresse, mais les enfants sentent une espèce de tension agitée. Les paroles et gestes des parents semblent soudain plus nerveux. Pressés d'en terminer avec cette soirée où il faut encore s'occuper du brossage de dents, du coucher, des fameuses histoires à raconter, tout en sachant qu'il faudra aller et venir plusieurs fois de leur chambre au salon, car inévitablement ils se relèveront et voudront boire, faire pipi, un câlin, être rassurés car ils ont peur du noir, du soir, du rideau qui bouge, du bruit dans la rue, des loups sous le lit... à moins qu'ils n'aient encore une petite faim...

Ils ont raison, papa ou maman ne rêvent que d'une chose à ce moment : être enfin tranquilles pour jouer sur leur ordinateur, voir un film sur internet, envoyer un dernier mail à un collègue d'une filiale aux Etats-Unis ou en Chine.

Les enfants grandissent en voyant les parents répondre au téléphone dès qu'il sonne, comme s'il s'agissait d'une question de vie ou de mort. Ils s'interrompent en plein milieu d'une phrase, tranchant à la hache, la réponse qu'ils étaient en train d'apporter à la question posée par leur enfant ou leur adolescent. Ils embrayent d'une seconde à l'autre sur leur conversation téléphonique, coupant par la même occasion le sifflet au gamin déçu... mais il a l'habitude.

D'ailleurs, il a déjà lui-même son propre téléphone, et même si le forfait est limité (ultime tentative de contrôle parental), il a toujours la possibilité d'envoyer ses 50 sms quotidiens aux copains. Son ordinateur personnel est depuis longtemps son meilleur ami et il sait comment convaincre ses parents (à l'usure) pour y passer tout son temps libre.

D'ailleurs, il se demande bien pourquoi ils s'acharnent à essayer de limiter le temps qu'il passe sur son écran, alors qu'il les voit depuis sa naissance en faire autant.

Ces appareils de haute technologie nous sont désormais indispensables pour l'ouverture sur le monde, la communication et le partage de la connaissance. Ils nous rendent quotidiennement d'innombrables services, mais en plus, ils ont des fonctions totalement inattendues : nounous, antidépresseurs, amis.

Tout naturellement, ils apaisent par leurs capacités à offrir leurs services, sans rien demander en échange, soit l'antithèse de ce que l'on peut vivre avec les humains en général. C'est particulièrement le cas dans la vie de famille, le soir.

Les adultes overdosés de stimulations et sollicitations de toutes sortes tout au long d'une journée n'ont qu'un espoir après 21h : être en paix ! Que les autres membres de la famille, enfants y compris, se décident à se caser, chacun dans sa petite alvéole, le plus vite possible !

Chaque demande supplémentaire de la part des enfants est alors vécue comme une agression insupportable et une corvée de plus.

Les enfants, grands spécialistes du décodage psychologique, ne veulent pas de cette vie. En dépit de leur intérêt de plus en plus précoce pour les ordinateurs de toutes sortes, ils sentent bien l'ambivalence de leurs parents, heureux à 20 % de les retrouver le soir, mais désireux à 80 % d'en finir au plus vite, avec toutes les contraintes inhérentes à la vie familiale et parentale.

Les enfants ont des besoins affectifs tellement importants pour pouvoir grandir et bien se développer psychologiquement qu'il leur est impossible de ne pas revendiquer des marques d'amour et d'attention VRAIE.

Alors, ils n'ont pas le choix. S'ils ont l'impression de ne pas avoir reçu une dose suffisante d'attention et d'affection avant de s'endormir, il leur faut impérativement le manifester d'une manière ou d'une autre.

Plus ils sentent les parents épuisés et stressés, plus ils deviennent odieux.

Ce mécanisme, contraire à la logique, est généré chez eux par un état inconscient de panique. L'épuisement des adultes les effraie, car ils y décèlent les prémisses d'un abandon potentiel.

Encore une fois, leur inconscient est branché en direct, comme par wifi, avec ceux de leurs adultes et ils savent y détecter leurs pensées les plus secrètes. Ces pensées peuvent être : « Je n'ai qu'une envie, me sauver ! », « Je ne peux plus les supporter », « Pourquoi me suis-je embarqué(e) dans cette galère ? »...

Même si ces réflexions sont transitoires, elles sentent, il faut bien l'avouer, le fantasme d'abandon, même momentané.

Les enfants le perçoivent aussi et étrangement, au lieu de se calmer pour apaiser le stress des parents, ils redoublent de comportements pénibles, dans un mécanisme infernal de type boule de neige.

Les ordinateurs et internet permettent justement de s'abstraire de tout ce stress et de s'enfermer dans une bulle autarcique. Mais, lorsqu'ils jouent ce rôle de tranquillisant, si on a la capacité de s'en rendre compte, alors il est temps de modifier quelques paramètres de vie en famille, pour atténuer la souffrance de cette dépression larvée et l'isolement qu'elle génère. Il s'agit alors de trouver les ressorts pour réapprendre le plaisir de vivre ensemble.

Pourquoi ne pas décider une bonne fois pour toutes que les téléphones soient mis sur silencieux et les ordinateurs hors des regards, à l'instant même où l'on franchit la porte de son appartement ? Les appels professionnels ne doivent plus faire irruption inopinément comme s'ils étaient des invités d'honneur. On a vécu pendant des millénaires en dissociant la vie professionnelle et la vie familiale.

Ce clivage permettait de pouvoir se reposer vraiment, de fermer la porte aux tensions de la journée, tout en profitant de la présence des enfants et des autres membres de la famille.

8

Reprendre les rênes de sa vie

Découvrir le plaisir d'être ensemble

Même une heure dans la soirée, passée à réellement communiquer avec ses enfants, à observer calmement leurs évolutions, à parler avec son conjoint, à rire ensemble, à se regarder vraiment, sont autant de vitamines mentales et affectives, indispensables pour un bon équilibre psycho-affectif, finalement recherché par tous.

Sans ces moments au goût et au parfum de bien-être, la vie ne ressemble qu'à une accumulation de pièces détachées sans cohérence. Vu de l'extérieur, le tableau a l'apparence du bonheur et représente une image d'Epinal de famille épanouie. Pourtant, bien souvent derrière l'image idéale se cache beaucoup de vacuité affective et une grande carence d'attentions des uns pour les autres.

Tout se passe comme si l'on avait déjà coché toutes les cases de la liste des tâches à réaliser dans une vie d'humain :
- un emploi,
- une rencontre,
- l'installation,
- parfois un mariage, un pacs,

- l'achat ou location d'un appartement,
- les enfants,
- les vacances,
- la voiture,
- les biens d'équipement...

Dans cette course effrénée, on peut y avoir laissé ses espoirs, son couple, des vrais sentiments, ses rêves, comme si au passage, on avait banalisé les êtres les plus proches au profit d'un surinvestissement pour le travail ou les relations virtuelles.

Si vous vous reconnaissez dans cette description et que votre vie affective et familiale semble vous échapper, si vous avez du mal à trouver de l'intérêt pour ce que votre fils ou votre fille vous raconte, si vous n'avez qu'une hâte, c'est de fuir leurs cris, leur agitation, leurs exigences, alors il est temps de changer les rouages de votre vie, car manifestement, elle ne vous rend pas heureux. Votre vie vous échappe et il est temps d'en reprendre les commandes.

Tout d'abord, soyez-en sûr, vous avez des compétences parentales étonnantes, mais vous l'ignorez et vous vous êtes découragés depuis les premières années de vos enfants.

Ce découragement est dû à la régularité des tâches à accomplir, dès qu'une ébauche de vie de famille se met en place. La fatigue et le manque de sommeil réparateur, comme nous l'avons vu, sont les premiers facteurs de risque de cet abattement.

Mais une des failles majeures réside dans l'angoisse de fond de la plupart des adultes : la peur de ne pas être aimés par leurs enfants s'ils n'accèdent pas à toutes leurs demandes. Pour se faire aimer, ils renoncent peu à peu, aux évidences et à la cohérence d'une éducation équilibrée. Leurs convictions initiales s'édulcorent chaque jour un peu plus et la consistance de leur détermination également.

Se faire aimer à tout prix

Un parent ne peut pas se « faire aimer ». Il est aimé parce qu'il EST.

Simplement.

Naturellement, dès qu'un enfant vient au monde, il n'a pas d'autre objectif que celui d'être protégé, aimé et considéré par les adultes qui l'aiment en prenant soin de lui. Mais en retour, il a tout autant besoin de leur vouer une adoration massive.

Il a autant soif de cet amour que de nourriture ou d'oxygène.

Bien entendu, en grandissant cette affection réciproque ne lui suffit plus. Très naturellement, des exigences vont se développer et se manifester pour des d'objets et des désirs de toutes sortes. Plus il grandit et plus son besoin de s'inscrire dans sa vie sociale l'incite à multiplier ses requêtes. Il est plus ou moins contraint, inconsciemment, d'adhérer à ces dictats de vie en société, sous peine de s'insérer avec difficultés ou de se faire rejeter par sa classe d'âge. D'où les exigences pour les vêtements et chaussures de marque, les gadgets à la mode du moment, les friandises vues à la télé, les jeux, les fournitures scolaires de telle marque et surtout pas de celle de l'année précédente, sous peine de passer pour un ringard démodé aux yeux des camarades de classe.

Le moindre détail compte dans la socialisation des enfants et des adolescents. Bien plus tard, en étant adulte, on pourra choisir la liberté (une liberté relative) dans ce domaine, et encore, ce sera au prix d'une lutte et d'une détermination très puissantes pour sortir des schémas imposés.

Mais lui apprendre à savoir temporiser, sans accéder à sa demande systématiquement, n'a pas pour but de le mettre en marge de cette socialisation et de le frustrer pour le plaisir. C'est au contraire un acte fondateur d'éducation et d'adaptation à la vie. Car dans la réalité, il n'est pas possible d'obtenir satisfaction à ses moindres demandes. Et même si cela était possible matériellement, ce ne serait pas souhaitable. Les enfants dont les moindres souhaits sont satisfaits, sont souvent dépressifs, odieux, tristes, ne sachant plus ce qu'ils désirent véritablement.

Si on ne l'autorise pas à regarder la télévision des heures durant par exemple, il « ratera » sans doute le dessin animé ou la série dont tout le monde parle à l'école. Mais il saura se débrouiller pour contourner cette lacune, en écoutant les autres en parler, afin d'en savoir suffisamment sans se faire exclure du groupe. Il comprendra rapidement qu'il ne loupe pas grand-chose, puisqu'il a réussi à survivre sans et en prime, il aura intégré un point très important le concernant : sa capacité à s'adapter sans difficulté.

Sébastien, 9 ans, ne passe pas plus d'une demi-heure par jour devant la télévision. En revanche, son père fou de cinéma, l'emmène une fois par semaine voir un nouveau film.

Sébastien s'empresse aussitôt de raconter le scénario en détails à ses copains d'école qui se massent autour de lui, avides de ses histoires et de ses gesticulations d'acteurs, qu'il n'hésite pas à reproduire devant eux.
Il sait qu'il lui aurait été inutile d'insister auprès de ses parents pour stagner devant le téléviseur, plus longtemps qu'ils ne l'avaient décidé.
Son père lui transmet sa passion du cinéma et ils ont pris l'habitude de discuter des films vus ensemble, autour d'une glace à la terrasse d'un café et pour cet enfant, le jour du cinéma a le goût du bonheur.

Les parents de Clara, 13 ans, lui ont expliqué quand ils lui ont offert son téléphone, que le forfait serait limité et par ailleurs, qu'après 20 heures, il devrait être déposé sans qu'on ait besoin de le lui demander, sur la table du salon.
Elle fut d'accord, bien entendu, mais essaya comme on peut l'imaginer, de biaiser une ou deux fois pour conserver le téléphone dans sa chambre après l'heure convenue dans le but d'envoyer des textos à ses amis.
Il n'y eut pas de cris ou de gesticulations de la part de ses parents, juste une discussion claire et posée, avec un rappel de la règle initialement acceptée, à une nuance supplémentaire : « Tu respectes la règle que tu avais acceptée au départ pour obtenir ce téléphone. C'est un contrat entre nous. A la prochaine tentative pour ne pas t'y tenir, il n'y aura plus de téléphone et le forfait sera

fermé ». Clara n'insista pas et comprit l'importance de la parole donnée. Elle a depuis habitué ses camarades à l'appeler ou à lui envoyer des messages dans les heures autorisées, comme un fait acquis que l'on ne discute pas à tout bout de champ.
A aucun moment ses parents ont pensé qu'ils seraient moins aimés par leur fille parce qu'ils l'éduquaient et lui posaient un cadre précis.
Bien au contraire, elle savait exactement quelles étaient les limites à respecter tout en savourant inconsciemment un sentiment apaisant, celui d'être protégée, encadrée et l'objet de grandes attentions de la part de ses parents.

Car un enfant capricieux qui obtient tout ce qu'il demande, en usant les nerfs et la détermination de son entourage, n'en ressort pas plus heureux. Il croit comprendre au passage qu'il suffit d'être odieux pour soutirer à la volonté d'autrui l'objet de ses désirs, mais cela ne l'aide pas à intégrer la notion de respect. Cette prise de pouvoir peut fonctionner un temps au sein de sa famille, mais le desservira considérablement dans sa vie d'adulte, sur le plan sentimental, professionnel et social.

Nous recevons régulièrement des parents qui se souviennent avoir été très difficiles, enfants, car non cadrés par des adultes cohérents et suffisamment solides pour faire respecter des règles adaptées à la vie d'un enfant dans sa famille. Ils viennent consulter car ils se sentent à leur tour débordés par leurs propres enfants, n'ayant aucun mode d'emploi pour résister à la puissante détermination de leurs rejetons récalcitrants.

Leur seule angoisse, c'est de risquer de leur déplaire et de ne plus être aimés par eux. Pour fonctionner dans la fluidité, l'état de parentalité doit échapper à toute notion de chantage affectif et de culpabilisation.

L'amour ne s'achète pas et un père ou une mère qui prend soin naturellement et régulièrement de sa famille ne peut qu'être remercié, jamais culpabilisé ou en état psychologique de se laisser manipuler jusqu'à l'auto-flagellation.

Aimer ses enfants, c'est aussi les éduquer et les cadrer. Ce point est une clé qu'il faut intégrer une bonne fois pour toutes. Cette clé vous donnera la force de rester solide et centré, même dans les moments les plus difficiles.

Les enfants flairent la démagogie et s'ils font semblant de ne pas la reconnaître c'est, dans un premier temps, parce qu'elle les peine, lorsqu'elle provient de leurs parents. Ils comprennent inconsciemment qu'elle est la preuve d'une faiblesse de leur part, à leur égard.

L'inconscient d'un enfant ne supporte pas de constater la fragilité ou une erreur de fonctionnement psychologique chez un père ou une mère. Il n'a pas d'autre possibilité que de transformer cette déception, en opportunité (ce qui lui donne l'image d'un profiteur), ou d'éprouver du mépris. Ce sont les adolescents qui transforment le mieux la déception qu'ils éprouvent en mépris. La moue boudeuse et désabusée, qu'ils arborent souvent, en est une illustration quotidienne.

Un parent ne sera jamais méprisé, bien au contraire, lorsqu'il affirme calmement mais sur un ton déterminé, par exemple, qu'il n'acceptera jamais d'injures dans la maison, ou qu'il est normal de venir l'aider à décharger les courses de la voiture.

Dans les sous-couches de l'inconscient de l'enfant, il se sent instantanément protégé, par un aîné dont les dires, énoncés clairement, sans culpabilisation inutile, sentent la cohérence et l'évidence indiscutable.

Les enfants du 21e siècle ont une détermination et une volonté puissante. Ils ne peuvent pas se satisfaire de la fragilité ou de la mièvrerie de leurs adultes trop faibles ou dont la détermination serait édulcorée. Nos enfants ont tout un monde à reconstruire, à inventer en terme de nouvelles valeurs. Cependant, leur volonté ultra-puissante a d'autant plus besoin d'être cadrée pendant le temps de leur enfance, pour se concentrer positivement. Sans cadre puissant des parents, toute cette extraordinaire énergie ne pourrait que s'éparpiller et se diluer dans la négativité.

Relâcher la garde par faiblesse et par fatigue arrive inévitablement et c'est normal. Il est impossible de monter la garde 24 heures sur 24. Par fatigue ou faiblesse momentanée, on peut laisser filer un comportement désagréable sans intervenir de la bonne manière. Dans ce cas, il est nécessaire d'en reparler avec l'enfant ou l'adolescent en lui expliquant clairement et simplement qu'il a profité d'un moment de fléchissement de votre part. Rappelez-lui, cependant, les limites habituelles du cadre. C'est une manière de lui montrer que vous tenez la route, même lorsque vous êtes fatigué. Il en conviendra lui-même et ne posera pas de difficultés pour revenir au périmètre dont il connaît fort bien les contours autorisés.

Si de nombreux parents se culpabilisent de ressentir parfois des sentiments contradictoires à l'égard de leur progéniture, les enfants de leur côté traversent une phase qui peut durer plusieurs mois voire plusieurs années : « la phase du roman familial ».

Cette phase décrite par Freud (*) décrit comment ils arrivent à se convaincre, lorsqu'ils sont en désaccord avec l'un de leurs parents, qu'ils ont été victimes d'une erreur à la maternité, qu'il y a eu échange d'enfants, qu'ils ont été kidnappés et que leurs « vrais parents », sont bien plus glorieux, prestigieux et bien plus affectueux que ceux qui partagent leur vie.

L'ambivalence des sentiments est très difficile à gérer pour un jeune enfant. Lors d'un désaccord avec son père ou sa mère, son inconscient lui permet d'échapper au dilemme, en justifiant « l'erreur » de comportement de ses parents, par le fait que précisément, ils ne sont pas « les vrais parents » ! En effet, dans son fantasme, les véritables parents ne pourraient pas le gronder, le punir, le frustrer, lui refuser la toute-puissance. Le Vrai Bon Parent est forcément un prince, un roi, une reine, un ministre, un illustre personnage, une grande musicienne, un acteur prestigieux, magnifique et certainement pas le médiocre petit bonhomme ou « la méchante » qui vocifère en lui disant « Non » dans le rayon de jouets du supermarché !

---

* Freud, « Névrose, psychose et perversion » Puf.

Certains enfants n'en restent pas au niveau du fantasme et peuvent formuler ouvertement leur déception : « Tu ne m'aimes pas, c'est pour cela que tu me punis ! »

(Traduisez : « Mes vrais parents **eux** m'aimeraient tellement qu'ils seraient incapables de me punir ! »).

Si ces déclarations vous heurtent et vous peinent, inutile de répondre par une culpabilisation du style : « Tu es injuste, après tout ce que je fais pour toi ! ». Dites-lui simplement qu'il est fâché parce que vous venez de le punir, car il a désobéi. Mais vous pouvez également lui rappeler que le matin même, il vous serrait dans ses bras. On a le droit d'être fâché, mais cela finit toujours par passer.

Par cette réponse, vous permettrez à l'enfant de comprendre que l'on peut s'exprimer autrement que dans l'alternance : je t'adore, je te déteste. Vous lui montrez également qu'il est normal de ressentir des sentiments parfois contradictoires, mais qu'au final, cela n'empêche pas de s'aimer, le reste du temps. Etre humain, c'est passer par des phases parfois déstabilisantes au niveau affectif, surtout dans la petite enfance, période ou le manichéisme s'exerce à loisir.

De la même manière, les enfants adulent leurs petits camarades de l'école un jour et peuvent les rejeter et les « désaimer » aussi fortement le lendemain.

Prise de conscience et réorientation de ses objectifs de vie

Le burn out parental est un signal d'alarme puissant sur l'orientation que sa vie à prise, au fil des années.

Au-delà des diverses mesures à prendre pour recadrer les enfants, c'est le bon moment pour s'interroger avec bienveillance sur l'écho que l'on renvoie de soi. En effet, qu'est-ce qui a pu se dérégler pour laisser penser aux êtres que l'on a mis au monde, que l'on élève et protège avec tant de soin, l'idée qu'il leur est possible de vous ébranler sans complaisance, au point d'en arriver à une dépression ?

Avant de pouvoir répondre à cette question, il est nécessaire de prendre conscience que le retour à l'équilibre ou plutôt la découverte de son équilibre, passe par un retour à soi.

Il faut un réel courage pour vouloir résister au système délétère qui entraîne vers l'auto-sabotage psychique, il faut encore plus de détermination pour changer de cap. Il s'agit d'une véritable décision de vie. D'un rendez-vous avec Soi.

La prise de conscience est sans nul doute l'étape la plus difficile à aborder et à dépasser, car elle parle de notions, qui sont encore très mal connotées, raillées parfois, dans ce début de 21e siècle, (mais il y a fort à parier que dans la seconde moitié de ce siècle, elles seront évidentes et hautement mises en valeur).

Ces notions se nomment :
- qualité de vie,
- prendre le temps de vivre,
- de se parler,
- de s'aimer,
- de se découvrir sur tous les plans : humain, amoureux, familial, trouver le travail qui correspond le plus aux aspirations profondes,
- pouvoir accéder à des connaissances plus profondes.

Pour l'instant, tout est organisé dans nos sociétés pour brouiller les pistes de notre bon sens et de notre intuition permettant de trouver le chemin d'un bienêtre personnel et familial sur-mesure.

Imperceptiblement, nos contemporains sont conduits à penser que vivre à 150 % est bien la preuve de notre appartenance à la modernité. Cela se manifeste dans des détails de la vie courante, qui ne nous surprennent même plus. Par exemple, avez-vous remarqué que nous sommes conduits imperceptiblement à parler de plus en plus vite, même si l'interlocuteur ne comprend rien, ce n'est pas grave puisque le contenu n'a pas pour but de délivrer une information profonde, censée laisser une trace dans sa mémoire ?!

Tous comme les ordinateurs, la pensée s'ouvre en arborescence sur dix, vingt « fenêtres » en même temps et il faut être capable de parler, un œil sur internet, l'autre sur l'écran du téléviseur, une main répondant à un texto (car tout est urgent et important, comme on le sait !), l'autre aidant le petit Paul à finir son dessert.

Mais petit Paul rêve que son père ou sa mère oublie son ordinateur et son téléphone le temps d'une soirée pour écouter un peu de musique avec lui ou le prendre par la main pour sortir regarder les étoiles.

Arrêter la course folle, demande, il est vrai beaucoup de courage. Il faut en effet beaucoup de cran pour échapper au mimétisme obligatoire qui conditionne les humains, à regarder les mêmes émissions, à avaler tout cru les mêmes informations télévisées, à aduler les mêmes icônes, à aller tous dans le même sens comme le font les sardines d'un même banc.

Le burn out, qu'il soit professionnel ou parental, découle de cette perte de sens. Les enfants difficiles le sont souvent parce qu'ils perdent pied, en observant les désordres de fonctionnement qu'ils perçoivent chez les adultes. Ils sont avant tout les révoltés que leurs parents ne sont plus ou n'ont jamais été.

Ils ont une prescience du bon sens et de ce qui leur est nécessaire pour avoir vraiment envie de vivre et de grandir dans ce monde. Ils savent bien que sans la présence réelle physique et mentale et sans un total amour des adultes censés les élever, rien ne comblera la vacuité psychique et affective qu'ils ressentent. Vivre est difficile, affronter chaque instant les réalités de l'existence avec les autres humains, demande beaucoup d'efforts et d'espoirs.

Les enfants ont constamment besoin d'être guidés et encouragés par des adultes confiants en leurs qualités de guides solides et de protecteurs.

Les premiers à pouvoir le faire sont les parents, mais aussi les adultes qu'ils croiseront dans la vie scolaire et périscolaire. Ils sont en demande de cohérence et de cadre, même s'ils semblent freiner des quatre fers. Pour les parents, c'est la conviction et la confiance dans leur rôle et leurs responsabilités de protecteurs et d'éducateurs, qui rendront le cadre plus facile à être accepté. Et c'est un réel soulagement pour les jeunes, lorsqu'ils sentent que leurs aînés tiennent la route. Ce sont eux qui légitiment leurs parents plus que quiconque.

Sans eux, ils savent bien qu'ils deviendraient pour un bon nombre, des barbares et c'est bien la terreur de la régression, qui paradoxalement les rend de plus en plus débordants, lorsque rien ne vient former un rempart face de leurs pulsions agressives et autodestructrices. Leurs débordements sont à la hauteur de leur attente d'une réaction solide, adulte et protectrice. Mais aussi de la désespérance de ne pas trouver des guides qui s'expriment avec authenticité, sincérité, sachant les regarder vraiment pour y lire leurs peurs et leurs interrogations sur la vie et tout mettre en œuvre pour leur apporter des réponses cohérentes et sincères.

Le couple avant tout

Les deux plus grandes difficultés qui mettent le couple à l'épreuve, sont en premier lieu les désaccords sur l'éducation des enfants et dans la manière d'instaurer l'autorité, mais aussi les déséquilibres concernant le partage des tâches dans la famille. Les soucis financiers concourent beaucoup dans un second temps à désagréger les couples, en faisant planer le spectre de l'insécurité.

Le plus grand écueil de ces 20 années dédiées aux enfants et à leur éducation, est sans nul doute le risque de s'oublier, de s'éloigner l'un de l'autre et de se perdre au point de ne plus savoir comment se parler vraiment, comment s'aimer. Comme nous l'avons vu, cette difficulté commence à se mettre en place dès les premiers mois de l'enfant, si l'on ne prend pas garde à se rappeler qu'avant l'arrivée de ce petit être, existait le couple.

La sensation de ne pas être secondé et épaulé par son conjoint, occasionne tant de reproches dits ou non-dits, tant de tristesse et d'éloignements. L'intimité affective et psychologique fond comme glace au soleil. L'amour aussi. Le désir également.

Le déséquilibre dans la contribution de l'un ou l'autre pour réaliser les tâches ingrates, mais néanmoins indispensables de la vie quotidienne, arrive à ternir les sentiments les plus forts, chez celui qui se sent lésé. La sensation d'injustice est le plus court moyen pour détruire un amour. Lorsqu'elle se surajoute au stress d'avoir à supporter un employeur exigeant, peu reconnaissant, des enfants ingérables, alors l'implosion est inéluctable et le burn out parental s'installe subrepticement.

La répétition des tâches, si elle n'est pas adoucie et relativisée par un partage évident, dans une complicité compassionnelle pour ce que l'autre ressent et pour ce qu'il attend, a de quoi décourager et attrister les plus courageux et les plus optimistes, en laissant s'installer peu à peu l'affadissement complet de la relation amoureuse.

Derrière la capacité à aider et à prendre le relais spontanément, sans qu'il soit nécessaire de réitérer dix fois sa demande, il est bien question d'amour véritable et de respect de l'autre.

C'est en observant finement et avec un réel intérêt son conjoint qu'il est possible alors de réagir rapidement au plus près de son besoin. Réagir, cela peut être :

- gérer les enfants au moment du bain ou du repas,
- inciter l'autre parent à aller s'allonger quelques instants, se détendre ou vaquer à d'autres tâches, lui évitant ainsi l'accumulation des corvées,
- lui permettre de s'appartenir en ayant des plages de totale coupure avec la vie familiale,
- reconnaître mutuellement les efforts fournis par l'un et l'autre pour adoucir la vie quotidienne,

- encourager l'autre,
- le ou la regarder vraiment,
- dédramatiser ensemble.

Ce sont des actes d'amour on ne peut plus concrets.

Personne ne peut être mieux placé que son ou sa partenaire de vie pour constater un excès de fatigue ou un moment de déprime passagère. Cela semble une évidence ? Pourtant, la plupart des patients qui viennent consulter pour des symptômes de burn out parental n'ont éveillé aucune interrogation chez la personne qui partage leur intimité et leur quotidien.

De nombreuses mères ne sentent pas elles-mêmes qu'elles en font trop sur tous les registres, touchant le fil rouge du burn out parental, sans s'en rendre compte. Elles sont souvent conditionnées inconsciemment par ce qu'elles ont observé dans la manière d'agir de leur propre mère et essaient d'en faire autant, si ce n'est mieux, ne s'écoutant jamais, même si les signes d'épuisement sont déjà flagrants.

Elles placent la barre bien plus haut que nécessaire et dans ce besoin de perfection, épuisent leurs réserves d'énergie et de plaisir à avoir des enfants. Leur vie de couple devient alors inexistante, car la fatigue intense relègue la relation sexuelle au rang de corvée supplémentaire.

Le conjoint devrait être le premier à tirer la sonnette d'alarme pour la raisonner, prendre le relais et calmer ainsi cette course à la perfection illusoire de superparent. Il lui sera parfois nécessaire de faire preuve de détermination pour l'inciter à se modérer et éviter l'alternance d'hyperactivités avec les enfants, suivie de périodes d'abattement.

Julia, mère de trois enfants, adressée par son médecin pour surmenage maternel, décrivait combien les moindres de ses pensées et activités étaient centrées sur les besoins de ses trois filles.
Rien n'était plus important. Elle en avait oublié dès la naissance de l'aînée ses études brillantes de physique et avait renoncé à son poste de professeur d'université. Elle ne lisait plus, ne se cultivait plus, mais s'occupait de ses filles à la perfection, faisant l'admiration de son entourage et de sa famille pour son investissement sans faille. C'est ce qu'un observateur aurait pu constater de l'extérieur.
Car à bien y regarder, elle les surchargeait d'activités, jouant pendant des heures avec elles, persuadée qu'elles avaient absolument besoin de sa tutelle pour s'occuper et se distraire. Leur appartement ressemblait à un magasin de jouets. Les jeux de toutes sortes, peluches, livres, puzzles jonchaient le sol et recouvraient la moindre surface libre sur les meubles.
Déjà dès le réveil, en ouvrant les yeux, sa première pensée était alors « Encore une journée à les supporter. Je n'aurai jamais la force. Quand cela va-t-il s'arrêter ? ».
Elle se plaignait sans cesse auprès de son mari de sa fatigue liée aux enfants capricieuses et exigeantes et se sentait stressée rien qu'à l'idée de devoir aller chercher ses filles chaque jour à l'école. Pourtant, lorsqu'il lui disait qu'il gagnait suffisamment sa vie pour engager une babysitter, il se heurtait à un refus net et catégorique.

Personne ne saurait mieux qu'elle s'occuper de ses enfants. Cependant, elle multipliait les actes manqués : se levant en retard pour les préparer le matin ou les oubliant à l'école. Elle commença à se poser de sérieuses questions sur son fonctionnement, lorsqu'elle se surprit à hurler des horreurs à l'une de ses filles, se mortifiant instantanément. Son mari avait laissé s'installer tous ces comportements excessifs et névrotiques, sans jamais s'imposer. Trop monopolisé par son travail, il n'avait pas insisté pour prendre sa place et aider sa femme à sortir de sa fusion maladive avec ses enfants.

Cet exemple de fonctionnement illustre combien l'observation constante de l'état psychologique de son conjoint constitue avant tout, une réelle preuve d'amour, mais aussi un garde-fou de tous les débordements psychologiques. L'un doit jouer le rôle de régulateur pour l'autre. L'inconscient, qui gouverne la plupart de nos comportements, sait qu'il y a trop d'intérêts névrotiques en jeu dans une vie familiale et notamment avec les enfants pour ne pas profiter de la situation en parasitant la relation parents-enfants au quotidien et de toutes les manières.

Je rappelle qu'un des rôles, en apparence paradoxal, de l'inconscient est de protéger son humain d'une remise en question des traumatismes ou des peines qui ont jalonné son enfance.

Pour ce faire, il n'hésite pas à le contraindre à une reproduction de symptômes déjà supportés ou visionnés dans l'enfance. Reproduire les mêmes erreurs que ses parents permet ainsi de justifier leurs comportements des plus névrotiques aux plus déviants. Le plus important pour l'inconscient consiste à éviter la peine de se rendre compte ouvertement des défaillances affectives et comportementales des parents.

C'est pourquoi la scène de la parentalité représente un théâtre de choix pour lui et il ne se gêne pas pour utiliser tous les stratèges de son cru (actes manqués, transferts, duplication de symptômes, manipulations, mensonges, culpabilisation, victimisation, hystérie, symptômes psychosomatiques, chantage affectif).

Sans la vigilance du second parent, mais aussi de la famille, amis et collègues, tous les débordements auront de bonnes chances de faire craquer la mère ou le père le plus solide. S'ils sont en plus liés à l'épuisement à la routine et aux exigences d'enfants en attente d'une réelle écoute et d'une autorité qui n'est pas à la hauteur de leurs comportements, alors on atteint la zone rouge d'un réel burn out parental.

Le manque de dialogue vrai dans le couple au profit des éclats de voix ou des montées en pression stériles, génère dans un premier temps des déceptions en cascades, elles-mêmes déclenchant un abattement sous les formes les plus variées. C'est ainsi qu'il est possible de montrer une agitation pétillante et une grande énergie dans un but inconscient de masquer la tristesse récurrente de ne pas pouvoir trouver une véritable proximité de cœur et d'esprit avec son conjoint.

Lorsqu'un couple se rencontre, porté par tous ses espoirs d'une vie magnifique, il espère bien être exempt des erreurs commises par les générations précédentes, mais sans entretenir la complicité, la solidarité, le glissement vers le non-amour, menace avant même qu'on ait pu le déceler.

L'on se jure fidélité, protection et sincérité, les yeux dans les yeux, on ne sait pourtant pas encore combien la parentalité va mettre à l'épreuve les plus convaincus.

Toutefois, en dépit des épreuves rencontrées pendant les 18 ou 20 ans que durent le temps passé à aimer, protéger et élever des enfants, le couple peut dépasser les situations les plus complexes, pour au final en sortir plus solide et comme « rafraîchi » dans une nouvelle forme d'amour plus libéré, plus mature.

Le couple parental présente la particularité d'assurer une sorte de partenariat pour élever des enfants, mais il n'en est pas moins amant et c'est ce qui rend la situation compliquée.

En effet, il faut sans cesse trouver le moyen de rester désirable pour l'autre, alors que la quotidienneté et l'hyper intimité qui sont inhérentes à la proximité familiale, ont tendance, au contraire à édulcorer tout le mystère du désir.

Les patients qui viennent parler en couple de leur souffrance de ne plus savoir s'aimer, comprennent combien il est indispensable de veiller à conserver une existence propre à leur couple, une sorte de bulle privée dans la bulle familiale.

Avoir des enfants en assurant toutes les responsabilités inhérentes à cette parentalité leur demande une vigilance accrue pour ne pas se laisser avaler par cette période de vie passionnante et parfois très éprouvante. Ils sont les seuls gardiens de leur amour. Chaque parole, chaque geste est important pour souder le lien, le consolider et entretenir une flamme qui ne demande qu'à s'éteindre, tant elle peut être malmenée. Il leur faudra lutter contre la propension humaine à la paresse de ne plus faire d'effort pour manifester son d'amour et des d'attentions, dès lors que tout semble acquis. Cet éveil permanent est vital pour protéger son couple et éviter qu'il ne sombre dans une forme d'association d'adultes dévolus à l'élevage de la descendance.

La parentalité est un rite de passage. Soit on arrive à en dépasser les écueils (notamment avec les enfants difficiles) et l'on découvre un amour et un attachement décuplés, soit on laisse la mollesse et l'abandon de l'autre s'installer dans son couple et l'on signe en même temps son enterrement à plus ou moins long terme.

Nombreux, sont ceux qui se contentent d'évidences telles que : « Il (ou elle) sait bien que je l'aime, puisque nous vivons ensemble ! ».

Penser que l'on aime ou que l'on est aimé ne suffit pas. Tout le monde a besoin de manifestations réelles et régulières de cet amour. Savoir ne suffit pas. Savoir est à peine suffisant pour ne pas sombrer quand la vie devient trop difficile ou épuisante, quand les enfants débordent, quand le doute, les soucis, la fatigue, la dépression viennent brouiller les pistes.

Ces manifestations régulières, sont très simples et évidentes, encore faut-il y penser :

- ne jamais laisser passer son conjoint près de soi sans au moins lui sourire, lui parler, lui attraper la main, le frôler, le caresser,
- se réveiller et s'embrasser, se serrer,
- l'assister, le consoler quand c'est nécessaire, le seconder avec bienveillance,

- le faire rire,
- apporter de la joie dans son quotidien, de l'humour, de la légèreté,
- prendre l'habitude de se masser, même quelques instants, même si on ne masse qu'une main, mais ce contact volontaire, bienveillant, tendre, apporte une onde de bien-être, de réconfort et d'espoir,
- comment s'endormir sans se dire un mot d'amour, sans s'embrasser ?
- s'envoyer par message au moins une fois par jour, un mot doux, une parole encourageante,
- dormir l'un contre l'autre, refuser de s'habituer à la distance des corps,
- tout faire pour rester séduisant(e), soigné(e), prendre soin de soi,
- se parler tendrement, avec bienveillance,
- s'interdire formellement la moindre parole brutale ou vulgaire,
- prendre soin de l'autre, être plein(e) d'égards, de délicatesses,
- considérer l'autre comme un trésor à couver, à protéger,
- faire l'amour, trouver ou retrouver le goût du corps et de la peau de l'être aimé,
- se remémorer les émotions intenses ressenties au moment de votre rencontre. Ce rafraîchissement de la mémoire vous rappellera combien vous êtes capable d'aimer et d'éprouver des sentiments puissants, au cas où vous l'auriez oublié,
- avoir de nouveaux projets ensemble,
- faire de nouvelles expériences, (physiques, psychiques, spirituelles) ensemble,
- partir en week-end, sans les enfants,

- sortir régulièrement, sans eux,
- se voir vraiment, se regarder vraiment,
- chercher son âme dans son regard,
- être complices,
- s'embrasser, souvent. Souvenez-vous des premiers jours de votre rencontre, les lèvres de votre amoureux ou de votre amoureuse vous attiraient à chaque instant, pourquoi faudrait-il que cela cesse au bout de quelques années ?
- avoir de la fantaisie, faire des surprises,
- A vous de continuer la liste.... elle peut être très longue.

Pour éviter le risque d'effondrement lié au burn out parental, mais aussi pour le soulager au plus vite, il est plus que nécessaire de veiller à s'accorder l'un et l'autre une vie, en dehors de toutes les tâches en relation avec les enfants. Si l'on avait une passion avant leur naissance, il n'y a aucune raison de s'en priver ensuite. Pratiquer du sport ensemble ou séparément, sortir un soir par semaine en couple ou avec des amis, pouvoir retrouver l'intimité des regards, de vraies conversations sans être interrompus par les bavardages des bambins, partir un week-end en amoureux en organisant un relais avec la famille ou des amis.

Les dîners entre amis permettront au couple de vraiment se détendre en se retrouvant entre adultes, sans la présence des enfants qui n'auraient de cesse de monopoliser l'attention, réclamant une chose ou une autre, en interrompant les conversations.

Les dialogues fractionnés, les actions découpées en menus morceaux épuisent et donnent la très frustrante sensation de s'abrutir, de ne plus être capables de formuler une phrase intelligente ou sensée. L'épuisement mental et l'overdose de stimulations déclenchent l'affadissement de sa capacité à discourir ou à réfléchir sur des concepts un peu plus soutenus que l'achat de la paire de chaussures de Chloé ou du carnet de notes de Carl.

Cet abrutissement a de quoi déprimer et désenchanter celui qui n'a pas su veiller à se protéger de cet appauvrissement mental.

Plus que jamais, pendant ce temps où les enfants occupent une grande partie de la vie du couple, il est nécessaire de parler ensemble et entre adultes de tout, de la vie, du monde, de l'actualité, de ses rêves, de projets, de ce que l'on ressent, de ce que l'on pense profondément, du sens que l'on veut donner à sa vie.

Car rien ne déprime plus que d'avoir l'impression d'avoir obéi à une spirale extraordinaire qui a pu donner l'impulsion de se rencontrer, de se multiplier... Et au final, de ne plus savoir vraiment à quoi sert toute cette agitation.

C'est le cas si l'amour s'est perdu en route.

Comment ne pas se poser à ce moment la question du sens de la vie. C'est un fait, on arrive sur cette terre parachuté dans une famille plus ou moins problématique et il faudra parfois des années, parfois une vie entière pour se libérer des poids névrotiques qui nous sont légués au passage. Puis, la grosse machine de la vie en société nous pousse à entrer de plain-pied dans le monde professionnel, à y laisser tant d'énergie, tant de forces physiques et mentales.

Par la suite, les hormones et le besoin d'être aimé nous poussent vers un ou une autre pour le meilleur ou pour le pire. Enfin, une étrange pulsion à nous reproduire, nous lance dans une aventure hallucinante d'émotions où l'on s'étonne chaque jour, face à des réactions que l'on n'imaginait pas de soi, mais aussi dans des sentiments si contradictoires parfois d'amour, de rejet, de rage folle, où l'on se fait peur.

Au final, on ressort de cette épreuve avec l'impression d'avoir passé vingt ans dans le tambour d'une machine à laver, meurtri, grandi, estourbi, étonné, espérant ne plus se trouver sur le chemin d'un prochain cyclone !

Elever des enfants demande tant d'énergie et nous soumet à une telle palette d'émotions insoupçonnées qu'il faut veiller à garder une grande vigilance à soi et veiller sur la personne que l'on aime, en la protégeant tel un trésor. La vie pendant cette période gagnera en sens et en plaisir, si l'on déploie un amour et une profonde attention à l'autre, sans jamais se perdre de vue.

Bien sûr, la vie serait plus simple en vivant seul et en tournant l'intégralité de son énergie sur soi. Pourquoi pas ? Nombreux sont les humains qui optent pour ce choix volontairement, ou sont contraints par la vie.

Mais, même si la vie est plus compliquée dès qu'un enfant arrive sous son aile, on se découvre, on s'explore bien au-delà de ses limites et si l'on n'y laisse pas son moral, sa santé et ses forces, on peut espérer avoir réalisé une Œuvre d'Art époustouflante, celle d'avoir accueilli, aidé à grandir quelques âmes qui sont venues pour illuminer la terre.

Cela vaut bien quelques efforts...

Remerciements

Merci de tout cœur à Roxane Joannis et Catherine Lerot-Singer pour leur indéfectible soutien et pour leurs encouragements.

Merci à Catherine, psychanalyste, pour sa relecture et ses judicieuses et précieuses suggestions.

Achevé d'imprimer en mars 2015
sur les presses de la Nouvelle Imprimerie Laballery
58500 Clamecy
Dépôt légal : mars 2015
Numéro d'impression : 503266

Imprimé en France

La Nouvelle Imprimerie Laballery est titulaire de la marque Imprim'Vert®